Grundlagen des E-Government in Deutschland

Götz Fellrath · Anna Schulze

Grundlagen des E-Government in Deutschland

Götz Fellrath
Hochschule für Polizei und öffentliche Verwaltung
Köln, Nordrhein-Westfalen, Deutschland

Anna Schulze
Hochschule des Bundes für öffentliche Verwaltung
Brühl, Nordrhein-Westfalen, Deutschland

ISBN 978-3-658-44701-4	ISBN 978-3-658-44702-1 (eBook)
https://doi.org/10.1007/978-3-658-44702-1

Die Deutsche Nationalbibliothek verzeichnet diese Publikation in der Deutschen Nationalbibliografie; detaillierte bibliografische Daten sind im Internet über https://portal.dnb.de abrufbar.

© Der/die Herausgeber bzw. der/die Autor(en), exklusiv lizenziert an Springer Fachmedien Wiesbaden GmbH, ein Teil von Springer Nature 2024

Das Werk einschließlich aller seiner Teile ist urheberrechtlich geschützt. Jede Verwertung, die nicht ausdrücklich vom Urheberrechtsgesetz zugelassen ist, bedarf der vorherigen Zustimmung des Verlags. Das gilt insbesondere für Vervielfältigungen, Bearbeitungen, Übersetzungen, Mikroverfilmungen und die Einspeicherung und Verarbeitung in elektronischen Systemen.
Die Wiedergabe von allgemein beschreibenden Bezeichnungen, Marken, Unternehmensnamen etc. in diesem Werk bedeutet nicht, dass diese frei durch jede Person benutzt werden dürfen. Die Berechtigung zur Benutzung unterliegt, auch ohne gesonderten Hinweis hierzu, den Regeln des Markenrechts. Die Rechte des/der jeweiligen Zeicheninhaber*in sind zu beachten.
Der Verlag, die Autor*innen und die Herausgeber*innnen gehen davon aus, dass die Angaben und Informationen in diesem Werk zum Zeitpunkt der Veröffentlichung vollständig und korrekt sind. Weder der Verlag noch die Autor*innen oder die Herausgeber*innen übernehmen, ausdrücklich oder implizit, Gewähr für den Inhalt des Werkes, etwaige Fehler oder Äußerungen. Der Verlag bleibt im Hinblick auf geografische Zuordnungen und Gebietsbezeichnungen in veröffentlichten Karten und Institutionsadressen neutral.

Planung/Lektorat: Petra Steinmueller
Springer Vieweg ist ein Imprint der eingetragenen Gesellschaft Springer Fachmedien Wiesbaden GmbH und ist ein Teil von Springer Nature.
Die Anschrift der Gesellschaft ist: Abraham-Lincoln-Str. 46, 65189 Wiesbaden, Germany

Wenn Sie dieses Produkt entsorgen, geben Sie das Papier bitte zum Recycling.

Inhaltsverzeichnis

Teil I Einführung

1 Einleitung 3
   1.1   Warum E-Government? 3
   1.2   Zielsetzung und Abgrenzung dieses Buchs 6
   1.3   Entwicklungsstand E-Government 7
   Literatur 12

2 Begriffsbestimmung E-Government 15
   2.1   E-Government 15
   2.2   E-Government Modell von Ebrahim und Irani 19
   2.3   Smart Government 20
   2.4   Open Government 21
   2.5   Open Data 21
   2.6   E-Democracy 22
   2.7   E-Administration 22
   2.8   E-Anwendungen 22
   2.9   Verwaltung 4.0 23
   Literatur 24

3 Rechtlicher Rahmen 25
   3.1   Grundlagen 26
   3.2   Leistungen 31
   3.3   Infrastruktur 34
   Literatur 37

Teil II E-Government in der Praxis

4 Standards 41
   4.1   Servicestandard 42
   4.2   X-Standards 44
   4.3   OSCI und XTA 48

4.4	Standards der Föderalen IT-Kooperation (FITKO)	55
4.5	IT-Architekturen des Bundes	56
4.6	Modul-F	58
Literatur		58

5 Services/Rahmen für digitale Verwaltungsleistungen ... 61

5.1	E-Government Kommune, Land, Bund	61
5.2	Basisdienste	63
5.3	BundID	65
5.4	Bundesportal	65
5.5	E-Akte	66
5.6	Deutsche Verwaltungscloud	66
5.7	Bundescloud	70
5.8	Gaia-X	70
5.9	Sovereign Cloud Stack	72
5.10	Open CoDE	72
5.11	Servicedienste	73
Literatur		74

6 E-Government Praxis ... 77

6.1	Stand der Umsetzung gemäß Umsetzungsdatenbanken	78
6.2	Wiederkehrende Studien zum Stand der Umsetzung	79
6.3	Praxisbetrachtung	82
6.4	Fazit	92
Literatur		93

7 Bewertung E-Government ... 97

7.1	OZG-Leistungen	98
7.2	E-Government Development Index (EGDI) der Vereinten Nationen	103
7.3	E-Participation Index der Vereinten Nationen	106
7.4	Digital Economy and Society Index (DESI) der Europäischen Kommission	106
7.5	eGovernment Benchmark der Europäischen Kommission	108
7.6	Government AI Readiness Index	110
7.7	„Initiative D21"-Digitalisierungsindex	111
7.8	Smart City Index	112
7.9	Reifegradmodelle	113
7.10	IT-Konsolidierung Bund	119
7.11	Zentrale Datenbereitstellung als Erfolgsfaktor der digitalen Transformation	120

7.12	Positive Faktoren des E-Government	121
7.13	Vergleich	122
	Literatur	124

Teil III Auswirkungen des E-Government

8 Auswirkungen auf die Verwaltung 129
- 8.1 Personal 129
- 8.2 Finanzen 132
- 8.3 IT 132
- 8.4 Recht 133
- 8.5 Struktur 134
- Literatur 134

9 E-Government im internationalen Vergleich 137
- 9.1 Internationales Recht 142
- 9.2 Open Data 145
- 9.3 Praxisbeispiel Estland 148
- 9.4 Praxisbeispiel Finnland und Dänemark 156
- 9.5 Anwendung auf Deutschland 157
- Literatur 158

10 Ausblick 161
- 10.1 Phase 1: Standardisierung und Grundlagen 161
- 10.2 Phase 2: Ausbau Angebot 162
- 10.3 Phase 3: Ausweitung der Nutzung 163
- 10.4 Phase 4: Automatisierung 163
- 10.5 Phase 5: Auswirkungen auf Verwaltung 164
- 10.6 Schlussbetrachtung 164
- Literatur 165

Stichwortverzeichnis 167

Abbildungsverzeichnis

Abb. 2.1	E-Government-Begriffe (eigene Darstellung)	16
Abb. 2.2	Vorteile des E-Government (eigene Darstellung)	18
Abb. 2.3	E-Government Modell von Ebrahim und Irani (eigene Darstellung)	20
Abb. 3.1	Entwicklung der rechtlichen Grundlagen (eigene Darstellung)	26
Abb. 4.1	Entwicklung eines XÖV-Standards (eigene Darstellung)	45
Abb. 4.2	Komponenten des XÖV-Standardisierungsrahmen (eigene Darstellung)	46
Abb. 4.3	XÖV-Profil (eigene Darstellung)	47
Abb. 4.4	Bestandteile von OSCI (eigene Darstellung)	48
Abb. 4.5	OSCI und XTA (eigene Darstellung)	49
Abb. 4.6	Symmetrische Verschlüsselung (eigene Darstellung)	51
Abb. 4.7	Asymmetrische Verschlüsselung (eigene Darstellung)	52
Abb. 4.8	IT des Bundes (eigene Darstellung)	56
Abb. 4.9	Architekturvorgaben (eigene Darstellung)	57
Abb. 5.1	Deutsche Verwaltungscloud (eigene Darstellung)	69
Abb. 5.2	Gaia-X-Ökosysteme. (Quelle: https://gaia-x.eu/who-we-are/association)	72
Abb. 7.1	OZG-Leistungen (eigene Darstellung)	99
Abb. 7.2	OZG-Basiskomponenten (eigene Darstellung)	102
Abb. 7.3	Verfügbare Online-Services (eigene Darstellung)	103
Abb. 7.4	EGDI-Rang (eigene Darstellung)	104
Abb. 7.5	Online Service Index der Vereinten Nationen (eigene Darstellung)	105
Abb. 7.6	E-Participation Index (eigene Darstellung)	108
Abb. 7.7	E-Government-Index des DESI (eigene Darstellung)	109
Abb. 7.8	eGovernment Benchmark der Europäischen Kommission (eigene Darstellung)	110

Abb. 7.9	Government AI Readiness Index (eigene Darstellung)	111
Abb. 7.10	Government AI Readiness Index (eigene Darstellung)	114
Abb. 7.11	Stufenmodell nach Layne und Lee (eigene Darstellung nach K. Layne, J. W. Lee 2001)	115
Abb. 7.12	Phasenmodell von Andersen und Henriksen (eigene Darstellung nach Andersen und Henriksen 2006)	117
Abb. 7.13	E-Government Reifegrade (eigene Darstellung)	118
Abb. 7.14	E-Government Reifegrade Detail (eigene Darstellung)	118
Abb. 9.1	Vergleich der unterschiedlichen Indizes zur Bewertung des E-Government (eigene Darstellung)	139
Abb. 9.2	Gemittelter Rang über die Indizes der Vereinten Nationen und EU-Kommission (eigene Darstellung)	140
Abb. 9.3	Gesetzgebungsverfahren im Bereich Digitalisierung (eigene Darstellung)	143
Abb. 9.4	Open Data in den G8-Staaten (eigene Darstellung)	147
Abb. 9.5	X-Road (eigene Darstellung)	151
Abb. 10.1	Ausblick Entwicklungsstufen (eigene Darstellung)	162

Teil I
Einführung

Einleitung 1

1.1 Warum E-Government?

Die Frage, warum E-Government überhaupt umgesetzt werden sollte, wird im Nachfolgenden von der Frage nach der Digitalisierung der Verwaltung abgegrenzt. Überschneidungen sind offensichtlich, aber E-Government stellt sowohl einen Teil der Digitalisierung der Verwaltung dar, aber geht auch darüber hinaus.

Ziele für die Digitalisierung von Verwaltung werden in vielen Publikationen behandelt.

- Für die Digitalisierung der Kernverwaltung stellen Heuermann, Engel und von Lucke vier Bereiche der Innovation in den Fokus: Leistungen/Service, Abläufe/Prozesse, IT und Steuerung der Verwaltung (Heuermann et al. 2018). Aus diesen Innovationsfeldern leiten sich mögliche Nutzen-Ziele der jeweiligen Innovation ab. Diese reichen von Entfall einzelner Verwaltungsverfahren oder Entfall von Nachweisen (Service-Innovation) über Erhöhung von Geschwindigkeiten oder Verfügbarkeiten (Prozesse) bis hin zu Automatisierung (IT) oder Transparenz (Steuerung) (Heuermann et al. 2018). Auch wenn die Zuordnung dieser möglichen Ziele insbesondere in der Abgrenzung zwischen Service und Prozess nicht trennscharf erscheint, thematisieren sie aus Sicht von E-Government die Weiterentwicklung von Serviceangeboten, die Erhöhung von Effizienz im Abwicklungsprozess, eine bessere Vernetzung und Kundenzufriedenheit.
- Schuppan (Schuppan 2019) formulierte direkte Zielsetzungen für E-Government. Er führt die Ziele von Kostensenkung und Effektivitätssteigerung über erleichterte Zugänge für öffentliche Leistungen weiter. Über konkrete Beispielleistungen werden die Ziele der leichteren Antragsstellung und besseren Vernetzung angeführt sowie die erleichterte Koordination in immer komplexeren Strukturen. Abschließend werden diese Aspekte ausschließlich aus Sicht der Verwaltung zu den Vorteilen der Ablauf- und Prozessverbesserung betrachtet.

- Der IT-Planungsrat hat im Jahr 2010 eine „Nationale E-Government-Strategie" verabschiedet (IT Planungsrat 2010). Diese knüpft inhaltlich an das Programm des „E-Government 2.0" des Bundes an (Bundesministerium des Innern 2006). Im Jahr 2015 wurde diese Strategie fortgeschrieben (IT Planungsrat 2015), jedoch im Jahr 2023 vom IT-Planungsrat zugunsten einer anderen Formulierung der Programmatik aufgegeben. In den drei genannten Unterlagen werden sich einige Zielsetzungen durchgehend erwähnt. Im Handlungsfeld Portfolio wird formuliert, dass Prozesse durchgängig digitalisiert sein sollten, die fachlichen Zuständigkeiten von Verwaltungsebenen für die NutzerInnen „nicht mehr relevant" (Bundesministerium des Innern 2006) sein sollten und insgesamt somit Prozesszeiten und -kosten reduziert werden sollten. Hierdurch solle auch ein Beitrag zur Haushaltskonsolidierung geleistet werden. Im Handlungsfeld Prozessketten soll eine durchgehende, umfassende elektronische Zusammenarbeit hergestellt werden. Diese ursprüngliche Ziele wurden im Jahr 2010 dann zu 20 Zielen konkretisiert (IT Planungsrat 2010). Die Begrifflichkeiten „einfacher Zugang", „durchgehende elektronische Erledigung", „übergreifende Prozessketten" und „Förderung der Mitwirkung und Bündelung von Leistungen" finden sich darin wieder. In der Fortschreibung im Jahr 2016 wurden diese Ziele im Wesentlichen zu 16 Zielen zusammengefasst und einige Neuformulierungen vorgenommen (IT Planungsrat 2015). Diese Ziele wurden mit Verzicht auf eine weitere Fortschreibung nicht infrage gestellt, sie sollten stattdessen durch einen „klaren strategischen Handlungsrahmen" ersetzt werden (Ehneß 2023).
- Wirtz (2022) stellt die Schaffung „eine(s) direkten und einfachen digitalen Zugang(s) zu öffentlichen Dienstleistungen" als oberstes Ziel dar. In der Ausführung werden die Vorteile der digitalen Kollaboration wie Zeit- und Ortsunabhängigkeit und Effizienzgewinne benannt.
- Allgemeiner formulieren Groß und Krellmann (2019) das „Ökosystem der Digitalisierung". Dieses lehnen sie an das gleichnamige Modell der Kommunalen Gemeinschaftsstelle für Verwaltungsmanagement an. Darin formulieren sie Einflussfaktoren auf das kommunale Handeln und leiten Handlungsfelder ab. In diesen wird für das Handlungsfeld Verwaltung (Groß und Krellmann 2019) die Verbesserung der Schnittstelle zwischen Verwaltung und Bürgern als Kunden abgeleitet um damit auch eine Steigerung der Akzeptanz zu erzeugen. Die Kopplung an interne Systeme wird als Voraussetzung für die integrierten Prozesse mit Externen gesehen, um hierdurch kollaborativ und mit breiterem Nutzen für Externe zu wirken. Dies und die Zeitunabhängigkeit von Leistungen sind Beispiele mit denen steigende Serviceansprüche bedient werden könnten. Die interne Perspektive wird über die Steigerung der Effizienz und Entlastung der Sachbearbeitung thematisiert.

Aus diesem Abriss über die Ziele von E-Government können für die Frage nach dem Warum verschiedene Perspektiven für die Nutzenbewertung abgeleitet werden: Verwaltung, Bürgerschaft, Unternehmen, supranationale Institutionen, Recht, Wirtschaftlichkeit,

1.1 Warum E-Government?

Akzeptanz und dergleichen mehr. Im Folgenden wird ausschließlich die Perspektive Verwaltung gewählt, weil diese in der Umsetzung von E-Government am meisten gefordert ist und daher deren Nutzenmehrung und Zielsetzung entscheidend für das Tempo und den Umfang des Nutzens ist.

Aus Sicht der Verwaltung ergeben sich somit sieben globale Nutzen:

1. Logische Konsequenz der bisherigen Entwicklungen:
   Die Verwaltungen sind bereits seit langem nicht mehr ausschließlich analog, auch wenn Akten heute noch vielfach analog geführt werden. Erfassungssysteme, Register, Verarbeitungs- und Fachsoftware sowie Kommunikations- und Kollaborationstools sind flächendeckend im Einsatz. Diese stehe jedoch verbreitet noch nicht in einem digitalen Prozess mit Externen. Hier setzt die Nutzenbetrachtung der durchgängigen (Ende-zu-Ende) Digitalisierung der Prozesse an. Insofern kann die Öffnung der Erfassungssysteme, Register sowie Verarbeitungs- und Fachsoftware für den digitalen Prozess als die logische Konsequenz der bisherigen Entwicklung interpretiert werden.
2. Sicherstellung der Aufgabenerledigung bei sinkender Arbeitspopulation:
   Die oben zitierte Ziele für E-Government umfassen durchgehend die Aspekte der Effizienzsteigerung und teilweise auch der Einsparung von personellen Aufwänden. Der demografische Wandel und die kommende Welle der Pensionierungen und Verrentungen in der öffentlichen Verwaltung sind umfassend dokumentiert. Die Situation wird durch die bereits heute virulente personelle Unterdeckung in Form von offenen Stellen verschärft. Die sinkende Arbeitspopulation in Deutschland macht es daher unwahrscheinlich, dass die öffentlichen Verwaltungen diese beiden Lücken nachhaltig schließen werden können. Um also die Aufgabenerledigung der meist steigenden Leistungsangebote sicherstellen zu können, ist der Ausbau von automatisierten Systemen zur Steigerung der Arbeitseffizienz existenziell.
3. Weiterentwicklung des Serviceangebots:
   Die Nachfrage nach Leistungen steigt im Umfang und der Form an. Diese Entwicklung besteht nicht erst seit der Einführung von Bürgerbüros mit langen Öffnungszeiten. Auch die Leistungsangebote steigen in den unterschiedlichen Rechtsbereichen (Nachweise, Berichtspflichten, Auskünfte, Förderungen) an. Um hier einen weiteren Ausbau zu ermöglichen, kann E-Government ein Baustein sein. Leistungen können orts- und zeitunabhängig angeboten werden, wenn sie digitalisiert und automatisiert sind.
4. Wandel des Fachkräfteangebots:
   Die Entwicklung auf dem Arbeitsmarkt zeigt eine Zunahme höher qualifizierterer Abschlüsse, wie der steigende Anteil der Abiturquote eines Jahrgangs zeigt. Da gleichzeitig auch der Anteil der Schulabbrecher steigt, wird der Anteil der Abschlüsse im mittleren Qualifikationsbereich geringer, aus dem beispielsweise der mittlere Dienst gewonnen werden kann. Insofern ist es eine Verschiebung der Qualifikationsanforderungen im öffentlichen Dienst folgerichtig. Dies zeigte sich bei der Verschiebung vom einfachen Dienst in höhere Stufen und zeigt sich aktuell auch in der Verschiebung vom

mittleren Dienst zu höheren Stufen. Hiermit muss eine Reduzierung von manuellen, repetitiven Arbeitsschritten einhergehen, die automatisiert werden können.
5. Sicherstellung der Akzeptanz des Verwaltungshandelns:
Die Akzeptanz des Verwaltungshandelns ist existenziell für das Funktionieren eines Staates. Die Missachtung von staatlichem Handeln führt zum Staatsversagen. Insofern ist die Aufrechterhaltung der Akzeptanz des exekutiven Handelns ein Pfeiler einer funktionierenden Demokratie. Diese kann auch durch modernes, prozessorientiertes, digitales und effizientes Handeln erreicht werden.
6. Erwartungshaltung der Bürgerschaft:
Wer gewohnt ist, komplexe Prozesse digital abzuwickeln, wie dies das vielfältige Angebot im E-Commerce oder E-Banking ermöglicht, ist nicht mehr bereit, für banale Vorgänge vermeintlich unbequeme Wege gehen zu müssen. Warum kann ein Hypothekendarlehen online abgeschlossen werden, die Anmeldung eines Hundes aber nur analog erfolgen? Diese Erwartungshaltung zu bedienen, muss Teil des Leistungsverständnisses der Verwaltung sein.
7. Sicherstellung der zunehmenden Vernetzung:
Aufgabenerledigung auch im öffentlichen Kontext vollzieht sich immer mehr vernetzt. Die Besteuerung der Renten, die Aufgabenerledigung im Ausländerrecht oder die EU-weite Zusammenarbeit erfordern eine entsprechende Vernetzung.

Insofern stellt sich nicht die Frage nach dem Warum, sondern die Frage nach dem Wie. Mit dieser Frage befassen sich Stakeholder in Deutschland und Europa. Das hier bereits Erreichte für Deutschland ist Gegenstand dieses Buchs.

1.2 Zielsetzung und Abgrenzung dieses Buchs

Mit Ablauf des Jahres 2022 ist der ursprünglich genannte Umsetzungszeitraum des Onlinezugangsgesetzes abgelaufen, worauf im weiteren Verlauf des Buches noch eingegangen wird. Mit diesem Datum hätten alle Verwaltungsleistungen online über ein gemeinsames Portal erreichbar sein sollen. Dies ist nicht erreicht worden. Dennoch haben die Jahre der Umsetzung des Gesetzes, gepaart mit diversen Konjunkturpaketen, wie ein Booster für die Umsetzung von E-Government gewirkt. Viele Leistungen konnten mit einem elektronischen Angebot realisiert werden, für viele weitere Aspekte wurden wichtige Grundlagen geschaffen. Daher ist der Zeitpunkt aus Sicht der Autoren gut geeignet, die entsprechenden Grundlagen für E-Government in Deutschland aktuell zusammenzutragen. Vieles, was vor einigen Jahren noch nicht geregelt, unklar war oder schlicht nicht existierte, dient nun als längerfristige Grundlage für die weitere Umsetzung von E-Government-Leistungen. Beispiele hierfür sind die BundID oder die Schaffung eine Grundlage für eine echte eID. Beide Beispiele werden in diesem Buch dargelegt. Die Grundlagen für das E-Government in Deutschland werden in diesem Buch in folgenden drei Teilen betrachtet: Einführung, E-Government in der Praxis und Auswirkungen. Im Detail werden folgende Aspekte thematisiert:

- Begriffsbestimmungen
- Rechtlicher Rahmen
- Standards
- Rahmen und Services
- Praxis
- Bewertung
- Auswirkungen
- Internationaler Vergleich

Zu vielen Bereichen werden praktische Beispiele angeführt, die der besseren Veranschaulichung dienen sollen. Für diese und auch die jeweiligen Grundlagen ist klar, dass auch sie der weiteren Entwicklung unterliegen werden. Deshalb wird auch nicht rein auf die aktuellen Themen des Sommers 2023 eingegangen, sondern alles in einen längeren Wirkzusammenhang gestellt. Ziel ist hierdurch eine längere Wirkungsdauer des Buches zu gewährleisten. Deshalb ist das Buch auch nicht als Herausgeberwerk entstanden, sondern soll einen einheitlichen Gesamtrahmen liefern. Daher haben wir uns als Autoren auch erlaubt eigene Betrachtungsperspektiven einzunehmen und hierzu eigene Methodiken zu verwenden. Insofern ist eine eigene Weiterentwicklung des bekannten Reifegradmodells auch ein Input in den weiteren thematischen Diskurs. Hierzu verweisen wir auf das Abschn. 7.9.

Insofern ist das Buch kein weiteres Buch über die Digitalisierung der Verwaltung. Unser Fokus liegt im Kern auf dem E-Government, was es dazu gibt und was es dazu braucht. Somit kann es als Nachschlagewerk, als Werk zum Einlesen in die Thematik oder als Lehrbuch verwendet werden.

1.3 Entwicklungsstand E-Government

Was haben die Rente, Hunde und Kraftfahrzeuge gemeinsam? Anhand dieser Beispiele lässt sich der Stand von E-Government in Deutschland gut beschreiben. Sie stehen exemplarisch für die Herkunft, den Stand, den Nutzen und die Probleme von E-Government. Somit leitet sich die Antwort auf „Wie steht es um E-Government in Deutschland?" ebenfalls aus den Zusammenhängen zwischen Rente, Hunden und Kraftfahrzeugen ab:

Beispiel 1:
Die Deutsche Rentenversicherung verkörpert als Institution gleich zwei wesentliche Eckpfeiler Deutschlands: Als eine der ersten staatlichen Strukturen wurde nach dem zweiten Weltkrieg im Mai 1945 bereits die Rentenauszahlung wieder begonnen bzw. fortgeführt

(Deutsche Rentenversicherung Bund o. D.). Als frühe Form der „Digitalisierung" wurden Lochkarten zur elektro-mechanischen Verarbeitung eingeführt (Kubowitz, E., Ruder, N. & Seeg, M. J. 2023). Mitte der 1960er Jahre wurden diese dann abgelöst durch Magnetbänder in Verbindung mit Datenverarbeitungsmaschinen (Deutsche Rentenversicherung Bund o. D.). Zwischen Mitte der 1970er und 1980er Jahre wurden weitere Anwendungen für die Rentenversicherung entwickelt. Bis Ende des Jahres 2017 wurde das einheitliche Verfahren rvSystem eingeführt (Deutscher Bundestag 2019). Laut Aussage der Rentenversicherung stammen jedoch Teile dieses neuen Programms auf eben jenen Vorversionen aus den genannten Jahren und sind mithin Jahrzehnte alt (Deutscher Bundestag 2019). Parallel zu dieser Entwicklung gab es Reformen in der Struktur der Rentenversicherung, darunter im Jahr 2005 die Zusammenführung des Verbands Deutscher Rentenversicherungsträger mit der Bundesanstalt für Angestellte zur Deutschen Rentenversicherung Bund (RVOrgG., vom 09.12.2004). Im Ergebnis dieser Reform aus einer Vielzahl von einzelnen Trägern existieren laut eigener Aussage derzeit insgesamt noch fünf unterschiedliche Rechenzentren (Deutscher Bundestag 2019). Diese sollen bis zum 1. Januar 2024 alle in das gemeinsame Rechenzentrum überführt werden, wobei sich dieser Zusammenführung ein fusionierter Träger verweigert. (Deutscher Bundestag 2019). Für die Versicherten wurden sukzessive bis zum Jahr 2018 bereits online Services eingeführt. Im Jahr 2018 konnten u. a. Rentenauskünfte, Versicherungsverläufe und Rentenbezugsbescheinigungen mit Registrierung genutzt werden (Deutscher Bundestag 2019). Die Nutzungszahlen dieser Angebote lagen jedoch in diesem Jahr bei rund 170.000 und sind im Vergleich zur Gesamtzahl der Versicherten niedrig (Deutscher Bundestag 2019). Nur 1244 Anschriftenänderungen wurden durch die Versicherten online vorgenommen (Deutscher Bundestag 2019) – bei über 56 Mio. Versicherten und knapp 26 Mio. Renten (Deutsche Rentenversicherung Bund 2022).

Was folgt aus diesem Beispiel für die Eingangsfrage?

- Die „Digitalisierung" hat schon früh eingesetzt und nicht erst mit Einführung der Standardsoftware.
- Dies liegt an der Erkenntnis und dem Willen bzw. Zwang, Effizienzgewinne durch Technik für Fallzahlen in Millionenhöhe zu generieren.
- Die Strukturen sind nicht standardisiert und selbst aktuelle Konsolidierungen werden nicht konsequent durchgeführt.
- Es existieren Online-Angebote, die aber im Verhältnis kaum genutzt werden.

Beispiel 2:
Im Jahr 2021 lebten über 12 Mio. Hunde in deutschen Haushalten (Arbeitsgemeinschaft Verbrauchs- und Medienanalyse (VuMA) 2021). Gemäß Art. 105 Abs. 2a des Grundgesetzes haben die Länder das Recht „örtliche Aufwandssteuern" zu regeln. Hierauf basieren die Kommunalabgabengesetze (Bspw. Kommunalabgabengesetz für das Land Nordrhein-Westfalen (KAG)) bzw. Hundesteuergesetze (Hundesteuergesetz Hamburg) der Länder. In

1.3 Entwicklungsstand E-Government

diesen werden die Kommunen (in Flächenländern) verpflichtet eine Satzung zur Erhebung zu erlassen. In diesen kommunalen Satzungen werden die Grundlagen und Höhen für die kommunale Besteuerung der nicht gewerblichen Hundehaltung geregelt. In der Folge ergibt sich für den identischen Regelungsinhalt – Haltung von Hunden – eine Vielzahl an Hundesteuersatzungen. Bei rund 4430 verbandsfreien Gemeinden und Gemeindeverbänden, rund 2060 Städten und 107 kreisfreien Städten ist davon auszugehen, dass insgesamt über 6600 Hundesteuersatzungen existieren. Im Rahmen einer nicht repräsentativen Überprüfung konnte festgestellt werden, dass auch in den Gemeindeverbänden die meisten zugehörigen Gemeinden eigenen Satzungen haben. Insofern liegt die Zahl der Hundesteuersatzungen eher zwischen 6600 und rund 11.000, der Gesamtzahl an Kommunen in Deutschland. Die Unterschiede liegen in der Höhe der Steuern, der jeweiligen Zuordnung von Hunderassen und beispielsweise Fälligkeitsterminen. Bei über 380 Mio. € Einnahmen im Jahr (Statistisches Bundesamt 2023) liegen die Sätze zwischen Null und 220 € für Hunde, die nicht gelistet, also beispielsweise gefährlich sind. Für diese Hunde kann der Satz bis zu 1200 € betragen (Erhardt 2020).

Die Komplexität der Hundesteuer ergibt sich aber nicht nur aus der Anzahl der Satzungen, sondern auch aus den Leistungen. Als OZG-Leistung (siehe Abschn. 3.2.3) wird im Themenfeld „Engagement & Hobby" in der Lebenslage „Tierhaltung" die Hundehaltung geführt (siehe www.informationsplattform.ozg-umsetzung.de). Dieser sind insgesamt 15 einzelne Leistungen von Anmeldung, Abmeldung, Sachkundenachweis bis Befreiung vom Leinenzwang zugeordnet. Jede einzelne dieser Leistungen ist als potenzielle E-Government-Leistung anzusehen.

Zur Verwaltung der Hundesteuer sind gemäß eigener Recherche mindestens sechs unterschiedliche Fachverfahren in den Kommunen im Einsatz, wahrscheinlich eher mehr.

Somit ist die scheinbar einfache Leistung „Hundehaltung" durch 6600 bis 11.000 unterschiedliche Satzungen, 15 unterschiedliche Leistungen in mind. sechs verschiedenen Fachverfahren doch komplexer in der flächendeckenden Umsetzung als zu vermuten wäre.

Ausgehend von der Gesamtzahl der Hunde kann vorsichtig abgeschätzt werden, dass mindestens 1,2 Mio. Vorgänge zur Hundesteuer je Jahr anfallen. Wenn diese Tätigkeit vollständig manuell durchgeführt wird und ein Ansatz von 10 min je Vorgang abgeschätzt wird, ergibt sich ein Gesamtpersonalaufwand in Deutschlands Kommunen von mindestens 150 Beschäftigten, welche sich ausschließlich um die Verwaltung von Hunden kümmert. Bedenkt man, dass dutzende vergleichbare weitere Meldewesen in Kommunen existieren, schnellt die Zahl der mit solchen Meldevorgängen befassten Beschäftigten in die Tausende.

Ob dieses Aufwands verzichten insbesondere teils kleinere Kommunen vollständig auf die Erhebung einer Hundesteuer (Erhardt 2020).

Was folgt aus diesem Beispiel für die Eingangsfrage?

- Durch den föderalen Aufbau ergibt sich für grundsätzlich vergleichbare Regelungsinhalte eine Vielzahl an Unterschieden und Besonderheiten im Detail.
- Dies erschwert die Schaffung von nachnutzbaren, einheitlichen Anwendungen, sofern alle Besonderheiten abgebildet werden sollen.
- Durch hohe Fallzahlen resultieren auch einfache, kurze Verwaltungsvorgänge in nennenswerten dafür benötigten Personalressourcen.

Beispiel 3:
Zum 1. Januar 2015 trat die 1. FZVuGebOStÄndV in Kraft[1]. Hinter dieser Abkürzung verbirgt sich eine grundlegende Weichenstellung für die de facto Neuregelung von Zuständigkeiten zwischen Kommunen und Bund sowie für einen wesentlichen Baustein des E-Government in Deutschland. In Deutschland waren am 01.01.2023 rund 60,1 Mio. Kraftfahrzeuge zugelassen, darunter rund 48,8 Mio. Personenkraftwagen (Kraftfahrt-Bundesamt 02.03.2023). Diese werden im Zentralen Fahrzeugregister im Kraftfahrt-Bundesamt erfasst. Zusätzlich werden diese auch in den örtlichen Registern der Zulassungsbehörden erfasst. Mit der Reform der Fahrzeug-Zulassungsverordnung im Jahr 2015 wurde das Zentrale Fahrzeugregister als führend über die örtlichen Register gestellt, was in der sog. Mitnahme des Kennzeichens nach Umzug sichtbar wurde.[2] Diese doppelte Datenhaltung sollte gemäß Referentenentwurf des damals zuständigen Ministeriums durch Auflösung der örtlichen Register abgeschafft werden (Bundesministerium für Verkehr und Infrastruktur 2020; Bogumil 2022). In finalem Gesetz ist dies jedoch nicht umgesetzt worden.[3] Die redundanten Register existieren nach wie vor.

Insgesamt wurden im Jahr 2022 rund 3,6 Mio. Fahrzeuge (rund 2,6 Mio. Pkw) neu zugelassen (Kraftfahrt-Bundesamt 2022a). Diese Zahlen lagen damit weiterhin unterhalb der Daten vor der Pandemie, als 2019 mit rund 4,2 Mio. Neuzulassungen (rund 3,6 Mio. Pkw) ein Allzeit Höchststand erreicht wurde (Kraftfahrt-Bundesamt 2022b). Höher liegen die jährlichen Fallzahlen noch für die Besitzumschreibungen, die im Jahr 2022 bei rund 5,6 Mio. lagen, mit einem Privatanteil von rund 93 % (Kraftfahrt-Bundesamt 2023). Diese Fallzahlen zählen mit zu den höchsten gleichartigen Vorgängen in den Verwaltungen Deutschlands. Insofern wies die Reform der Fahrzeug-Zulassungsverordnung auch den Weg in die digitale Vorgangsbearbeitung, in dem sie die Grundlage für die internetbasierte Fahrzeugzulassung wies. Auf diese wird in Abschn. 6.3.2.2 näher eingegangen. In verschiedenen Ausbaustufen konnten ab dem Jahr 2015 (Stufe 1) Fahrzeuge online außer Betrieb gesetzt werden, seit Oktober 2019 können Fahrzeuge von natürlichen Personen mit Erreichen der Stufe 3 u. a. auch neu zugelassen werden (Bundesministerium

---

[1] Erste Verordnung zur Änderung der Fahrzeug-Zulassungsverordnung und der Gebührenordnung für Maßnahmen im Straßenverkehr vom 08.10.2013 (BGBl. I S. 3772 (Nr. 61)); zuletzt geändert durch Artikel 2 V. v. 30.10.2014 (BGBl. I S. 1666).
[2] § 13 Absatz 3 Fahrzeug-Zulassungsverordnung.
[3] Viertes Gesetz zur Änderung des Straßenverkehrsgesetzes und anderer straßenverkehrsrechtlicher Vorschriften vom 12. Juli 2021 (BGBl. I S. 3091 (Nr. 48)).

für Digitales und Verkehr 2022). Der weitere Ausbau der internetbasierten Zulassung steht mit Stufe 4 ab September 2023 zur Verfügung (Bundesministerium für Digitales und Verkehr 15.02.2023). Damit sind die Voraussetzungen für die digitale Abwicklung der weit überwiegenden Vorgänge im Zentralen Fahrzeugregister erfüllt. Doch obwohl beispielsweise die Außerbetriebssetzung bereits seit acht Jahre möglich ist, sind die Nutzungszahlen sehr niedrig, im Schnitt wurden im Jahr 2021 beispielsweise nur weniger als ein Prozent aller Vorgänge online abgewickelt (Fellrath 2022). Neben dieser geringen Nutzung ist auch die technische Umsetzung problematisch. Das Kraftfahrt-Bundesamt bietet den örtlichen Zulassungsstellen eine Schnittstelle an, um ihre eigene Software zur Datenerfassung an das Zentrale Fahrzeugregister anzuknüpfen. Somit wurde den Zulassungsstellen die Umsetzung eines Sofwaresprodukts für die digitale Vorgangsbearbeitung übertragen. Um also auf das gleiche Zentrale Fahrzeugregister in Flensburg zuzugreifen, müssen für die Nutzerinnen und Nutzer in allen Zulassungsbezirken eigene Softwarelösungen entwickelt werden und für die jeweils neuen Stufen und Änderungen im Portal des Kraftfahrt-Bundesamts angepasst werden (Zeitung für die Kommunale Wirtschaft 26.06.2023). Für die Stufe 1 wurde im Jahr 2013 ein zentrales Portal seitens des KBA zur Verfügung gestellt, welches jedoch wegen verfassungsrechtlicher Bedenken der kommunalen Spitzenverbände wieder abgestellt wurde (Bogumil 2022). Dies ist Ursache dafür, dass noch immer nicht alle Zulassungsstellen ein entsprechendes Online-Angebot haben[4] (Fellrath 2022; Bogumil 2022).

Was folgt aus diesem Beispiel für die Eingangsfrage?

- Die Erledigung von Verwaltungsvorgängen bezieht sich teilweise auf unterschiedliche Verwaltungsebenen.
- Dies erschwert die Umsetzung von einheitlichen Anwendungen, wenn keine entsprechende Klärung erfolgt.
- Für digitale Angebote müssen Register entweder zentralisiert oder entsprechend vernetzt werden.
- Digitale Infrastruktur für zentrale Register sollten zentral zur Verfügung gestellt werden.

Was folgt zusammenfassend für den Stand des E-Government in Deutschland?

Aus diesen drei Beispielen lassen sich für den Entwicklungsstand zum E-Government in Deutschland insgesamt folgende Punkte festhalten:

- Ansätze für E-Government auf Basis von Digitalisierungsvorhaben der öffentlichen Verwaltung werden teils seit Jahren entwickelt und in Dienst gestellt, nicht erst mit dem E-Government-Gesetz oder dem Onlinezugangsgesetz

---

[4] Recherche in „Dashboard Digitale Verwaltung" des BMI am 15.08.2023: Bspw. NRW mit 37 % Verfügbarkeit und Hessen mit 42 % Verfügbarkeit über alle iKfz-Stufen (https://dashboard.ozg-umsetzung.de/).

- Für ein umfassendes E-Government sind teilweise noch organisatorische, rechtliche oder technische Voraussetzungen zu schaffen.
- Mit der Umsetzung von E-Government wird die Lebenswirklichkeit der Bevölkerung und der Unternehmen besser abgebildet werden.
- Kern der Entwicklung sind die Vereinfachung des Zugangs und der Verfügbarkeit von Leistungen sowie die Automatisierung von Verfahren.
- Staatliche Strukturen stoßen bei der Umsetzung von E-Government an ihre Grenzen.
- Die Standardisierung von Leistungen und Verfahren wird durch verschiedene Zuständigkeiten, Regelungsgeber und Strukturen erschwert.
- Die Nutzung von Angeboten durch die Bevölkerung erfolgt schleppend.

Literatur

Arbeitsgemeinschaft Verbrauchs- und Medienanalyse (VuMA) (2021): Verbrauchs- und Medienanalyse VuMA 2022. Statista. Online verfügbar unter https://de.statista.com/statistik/daten/studie/181167/umfrage/haustier-anzahl-hunde-im-haushalt/, zuletzt geprüft am 17.07.2023.

Bogumil, J. (2022): Bürgernahe Verwaltung digital? I-Kfz und digitaler Kombiantrag : Elternleistung im Praxistest. Bonn: Friedrich-Ebert-Stiftung (FES diskurs).

Bundesministerium des Innern (2006): E-Government 2.0.

Bundesministerium für Digitales und Verkehr (2022): Internetbasierte Fahrzeugzulassung. Online verfügbar unter https://bmdv.bund.de/SharedDocs/DE/Artikel/StV/Strassenverkehr/internetbasierte-fahrzeugzulassung.html.

Bundesministerium für Digitales und Verkehr (15.02.2023): Kabinett beschließt neue Fahrzeug-Zulassungsverordnung des BMDV. Online verfügbar unter https://bmdv.bund.de/SharedDocs/DE/Pressemitteilungen/2023/013-wissing-i-kfz.html, zuletzt geprüft am 06.08.2023.

Bundesministerium für Verkehr und Infrastruktur (2020): Referentenentwurf 17.06.2020 Entwurf eines vierten Gesetzes zur Änderung des Straßenverkehrsgesetzes und anderer straßenverkehrsrechtlicher Vorschriften, vom 17.06.2020.

Deutsche Rentenversicherung Bund (o. D.): Die Geschichte der Deutschen Rentenversicherung. Online verfügbar unter https://www.deutsche-rentenversicherung.de/DRV/DE/Ueber-uns-und-Presse/Historie/historie_detailseite.html.

Deutsche Rentenversicherung Bund (2022): Rentenversicherung in Zahlen 2022. Hg. v. Deutsche Rentenversicherung Bund.

Deutscher Bundestag (2019): Drucksache 19/11729. Hg. v. Deutscher Bundestag.

Ehneß, S. (2023): IT-Planungsrat macht ohne NEGS weiter. In: *eGovernment Verwaltung Digital*, 31.07.2023. Online verfügbar unter https://www.egovernment.de/it-planungsrat-macht-ohne-negs-weiter-a-3fec3980f3d5b1304bee773cacf2edae/#:~:text=Die%20Schwerpunktthemen%20sind%3A%20digitale%20Infrastruktur,in%20den%20priorisierten%20Handlungsfeldern%20geb%C3%BCndelt., zuletzt geprüft am 17.08.2023.

Erhardt, C. (2020): Kommune nimmt mehr Hundesteuer als Gewerbesteuer ein. In: *Kommunal*, 15.09.2020. Online verfügbar unter https://kommunal.de/Hundesteuer-Diskussion, zuletzt geprüft am 18.07.2023.

Fellrath, G. (2022): Angebot wird wenig genutzt. In: *Kommune 21* (10), S. 26–27.

Literatur

RVOrgG., vom 09.12.2004: Gesetz zur Organisationsreform in der gesetzlichen Rentenversicherung. Online verfügbar unter http://www.bgbl.de/xaver/bgbl/start.xav?startbk=Bundesanzeiger_BGBl&jumpTo=bgbl104s3242.pdf.

Groß, M.; Krellmann, A. (2019): Das Ökosystem der Digitalisierung. In: Jürgen Stember, Wolfgang Eixelsberger, Andreas Spichiger, Alessia Neuroni, Franz-Reinhard Habbel und Manfred Wundara (Hg.): Handbuch E-Government. Wiesbaden: Springer Fachmedien Wiesbaden, S. 3–18.

Heuermann, R.; Engel, A.; Lucke, J. von (2018): Digitalisierung: Begriff, Ziele und Steuerung. In: Roland Heuermann, Matthias Tomenendal und Christian Bressem (Hg.): Digitalisierung in Bund, Ländern und Gemeinden. Berlin, Heidelberg: Springer Berlin Heidelberg, S. 9–50.

IT Planungsrat (2010): Nationale E-Government-Strategie.

IT Planungsrat (2015): Nationale E-Government-Strategie Fortschreibung 2015.

Kraftfahrt-Bundesamt (Hg.) (2022a): Jahresbilanz 2022. Online verfügbar unter https://www.kba.de/DE/Statistik/Fahrzeuge/Neuzulassungen/Jahresbilanz_Neuzulassungen/jahresbilanz_node.html, zuletzt geprüft am 06.08.2023.

Kraftfahrt-Bundesamt (2022b): Verkehr in Zahlen 2022/2023. Hg. v. Bundesministerium für Digitales und Verkehr. Kraftfahrt-Bundesamt. Flensburg.

Kraftfahrt-Bundesamt (Hg.) (2023): Besitzumschreibungen. Online verfügbar unter https://www.kba.de/DE/Statistik/Fahrzeuge/Besitzumschreibungen/besitzumschreibungen_node.html, zuletzt geprüft am 06.08.2023.

Kraftfahrt-Bundesamt (02.03.2023): Der Fahrzeugbestand am 1. Januar 2023. Pressmitteilung Nr. 08/2023. Pressestelle.

Kubowitz, E., Ruder, N. & Seeg, M. J. (2023): Datenverarbeitung in der Rentenversicherung. 27. Auflage. Hg. v. Deutsche Rentenversicherung Bund.

Schuppan, T. (2019): Elektronisches Regieren und Verwalten (E-Government). In: Sylvia Veit, Christoph Reichard und Göttrik Wewer (Hg.): Handbuch zur Verwaltungsreform. 5. Auflage 2019. Wiesbaden: Springer Fachmedien Wiesbaden GmbH (Springer Reference Sozialwissenschaften), S. 537–546.

Statistisches Bundesamt (2023): Finanzen und Steuern – Steuerhaushalt 2022 (Fachserie 14, Reihe 4). Online verfügbar unter https://www.destatis.de/DE/Themen/Staat/Steuern/Steuereinnahmen/Publikationen/Downloads-Steuerhaushalt/steuerhaushalt-jahr-2140400227004.pdf?__blob=publicationFile, zuletzt geprüft am 18.07.2023.

Wirtz, B. W. (2022): E-Government. Strategie – Organisation – Technologie. Berlin, Heidelberg: Springer Gabler (Lehrbuch). Online verfügbar unter https://doi.org/10.1007/978-3-662-65330-2.

Zeitung für die Kommunale Wirtschaft (26.06.2023): Neue Anforderungen an digitale KfZ-Zulassung. Online verfügbar unter https://www.zfk.de/digitalisierung/it/neue-anforderungen-an-digitale-kfz-zulassung.

Begriffsbestimmung E-Government 2

Um einen Einstieg in das Thema E-Government zu bekommen, sollen zuerst eine genaue Sichtung und Abgrenzung der Begriffe in diesem Kontext vorgenommen werden. Die im folgenden dargestellten Begriffe, sind in Abb. 2.1 zu sehen.

2.1 E-Government

Erstmalig wurde der Begriff E-Government um das Jahr 2000 eingeführt. E-Government ist eine Abkürzung für Electronic Government. Lucke und Reinermann veröffentlichten 2000 die Speyerer Definition von Electronic Government.

▶ „Unter Electronic Government verstehen wir die Abwicklung geschäftlicher Prozesse im Zusammenhang mit Regieren und Verwalten (Government) mit Hilfe von Informations- und Kommunikationstechniken über elektronische Medien." (Lucke und Reinermann 2002)

In der Folge wurden noch eine Vielzahl weiterer Definitionen von E-Government eingeführt (Wirtz 2010) und (Wirtz 2022). Im Großen und Ganzen sind sie aber ähnlich der Definition von von Lucke und Reinermann. Für einen Vergleich siehe Wirtz (Wirtz 2022).

Die Definition von Lucke und Reinermann ist noch von der Denkweise der Digitalisierung geprägt. Die geschäftlichen Prozesse werden mithilfe elektronischer Medien in digitale Strukturen überführt. Heutzutage spricht man eher von digitaler Transformation. Die digitale Transformation ist viel weitreichender als die reine Digitalisierung von schon

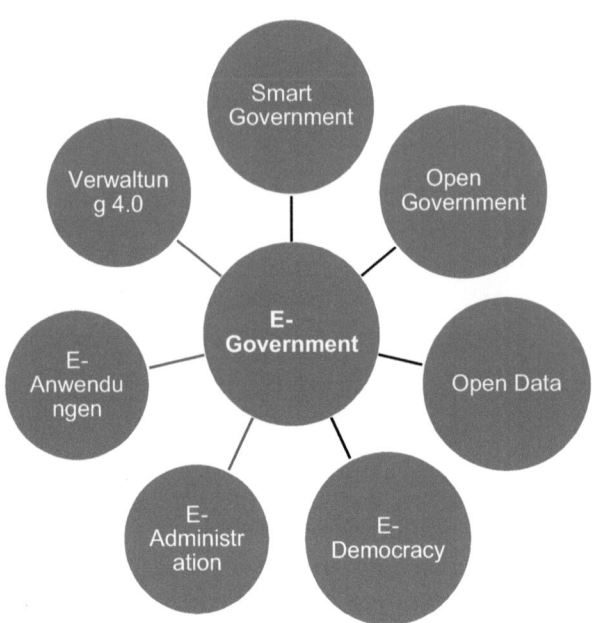

Abb. 2.1 E-Government-Begriffe (eigene Darstellung)

vorhandenen Prozessen. Bei der digitalen Transformation werden die Prozesse nochmal von neuem betrachtet und in die digitale Welt überführt.

Der Unterschied zwischen Digitalisierung und digitaler Transformation kann durch ein Beispiel aus der Verwaltung deutlich gemacht werden. Nehmen wir an, eine Hochschule führt Akten für jeden Studierenden. Die Akten sind papierbasiert und wesentliche Bescheide, wie z. B. Modulbescheide über die Ergebnisse der Modulprüfungen werden dort hinterlegt. Im Rahmen des digitalen Wandels sollen diese papierbasierten Akten abgeschafft werden. Variante 1 für diese Umstellung wäre, ein elektronisches E-Akte-System zu beschaffen und eins zu ein die Dokumente, die vorher in den Papierakten gespeichert waren, in dem E-Akte-System zu speichern. Damit hätte man im Regelfall aber immer noch die händische Arbeit, der Speicherung der Dokumente durch Mitarbeitende der Hochschule. Die Akten wären aber digitalisiert. Variante 2 wäre, den dahinter liegenden Prozess zu betrachten und zu analysieren. Der Prozess würde dann mittels eines geeigneten elektronischen Systems digital umgesetzt. Dabei würde der gesamte Vorgang, dass ein Studierender an der Hochschule sein Studium aufnimmt bis zum Abschluss des Studiums betrachtet und analysiert werden, welche Daten zu welchem Zeitpunkt vorgehalten werden müssen. Der Workflow würde dann durch das entsprechende System unterstützt. Medienbrüche werden dadurch vermieden. Dabei ist zu beachten, dass Medienbrüche auch vollkommen digital stattfinden können. Erzeuge ich ein pdf und speichere ich dieses in einem zweiten System, stellt dies einen Medienbruch dar. Dies wäre in der

2.1 E-Government

Variante 1 der Fall. In der Variante 2 würden während des Workflows nur Dokumente erzeugt, wenn diese von dem Studierenden für den externen Gebrauch benötigt würden.

Aus diesem Grund soll hier auch eine aktualisierte Definition von E-Government eingeführt werden:

▶ E-Government bezeichnet die Durchführung der Regierungs- und Verwaltungsprozesse mittels elektronischer Verfahren. Hierbei werden nicht einfach analoge in digitale Prozesse gewandelt, sondern es wird ein von Grund auf digitalisierter Staat betrachtet.

In seiner einfachsten Form bedeutet dies erstmal, dass die Kommunikation zwischen den beteiligten Parteien elektronisch erfolgt. Hier gibt es vier Akteure, die betrachtet werden:

- Bürgerinnen und Bürger (Citizens)
- Wirtschaft (Business)
- Öffentlicher Sektor (Government)
- Mitarbeitende des öffentlichen Sektors (Employees)

Diese stehen in den folgenden Beziehungen zueinander (Ndou, V. (Dardha) 2004):

- Government to Citizen (G2C)
- Government to Business (G2B)
- Government to Governmen (G2G)
- Government to Employee (G2E)

Des Weiteren sollten Services vollständig elektronisch ohne Medienbrüche angeboten und genutzt werden können. Auch innerhalb der Verwaltung und der Regierungsgeschäfte sollten die Prozesse und internen Abläufe vollständig elektronisch abgewickelt werden.

Die hier eingeführte Definition von E-Government könnte auch als Digital Government bezeichnet werden. Da die Bezeichnung „digital" auch als Erweiterung hinsichtlich der Bezeichnung „E-"angesehen werden kann. Während „E-Government" erstmal die Nutzung elektronischer Mittel für die Verwaltungsarbeit vorsieht, umfasst der Begriff „Digital Government" die Digitalisierung von Prozessen und Strukturen und ist insofern eine Weiterentwicklung des Begriffs. Siehe auch (Charalabidis et al. 2022). Im aktuellen Sprachgebrauch ist allerdings weiterhin der Begriff E-Government vorherrschend und wird deswegen hier auch im Sinne von Digital Government verwendet.

Nach den ersten Definitionen von E-Government Anfang des Jahrhunderts wurde im Jahr 2013 vom Bund das E-Government-Gesetz (EGovG) erlassen. Dies hatte zum Ziel das Regieren und Verwalten mithilfe von Informations- und Kommunikationstechnik zu unterstützen. Es folgten E-Government-Gesetze der Länder in den nächsten Jahren. Ziel der Gesetze war es, den elektronischen Zugang zur Verwaltung zu ermöglichen. Mittels

Abb. 2.2 Vorteile des E-Government (eigene Darstellung)

des Onlinezugangsgesetzes (OZG) wurde festgelegt, dass Bund und Länder alle ihre Verwaltungsleistungen über elektronische Verwaltungsportale anbieten müssen und dass diese Portale zu einem Portalverbund verknüpft werden müssen.

E-Government sollte allerdings kein Selbstzweck sein. Für die Umstellung von analogen in digitale Prozesse sollte es gute Gründe geben. In Abb. 2.2 sind einige der Vorteile dargestellt.

Einer der wichtigsten Vorteile ist die Befriedigung der Erwartungshaltung der Bürgerinnen und Bürger. Außerhalb der öffentlichen Verwaltung können Bürgerinnen und Bürger Leistungen zum großen Teil digital in Anspruch nehmen. Zum Beispiel können fast sämtliche Waren bei Firmen im Internet bestellt werden und eine Lieferung nach Hause erfolgt ebenfalls. Kundinnen und Kunden müssen das Haus nicht verlassen, um Waren zu erhalten. Diese Erwartung überträgt sich auch auf die öffentliche Verwaltung. Bürgerinnen und Bürger erwarten, dass sie für Verwaltungsleistungen ebenfalls das Haus nicht mehr verlassen müssen. Eine Ummeldung des Wohnortes, die Beantragung von Ausweisdokumenten sollte digital erfolgen können. Das heißt, um hier langfristig die Akzeptanz der Bürgerinnen und Bürger zu erhalten, müssen Dienstleistungen digital angeboten werden. Wichtig ist für Bürgerinnen und Bürger auch die Zeit- und Orts unabhängige Kommunikation mit der Verwaltung der größte Vorteil. Mit der digitalisierten Abwicklung von Prozessen geht meistens auch eine schnellere Durchführung dieser einher, da weniger händische Arbeit vorgenommen werden muss und einige Schritte automatisiert erfolgen können. Nach einer Studie von McKinsey & Company könnten bei einer Digitalisierung der Top-35-Verwaltungsleistungen für Bürgerinnen und Bürger könnten diese 47 % des bisherigen Zeitaufwands für Behördengänge sparen (Nationaler Normenkontrollrat 2017). Durch automatisierte Verarbeitung dem Wegfallen von Medienbrücken werden auch typische Fehlerquellen durch händische Übertragung von Werten vermieden. Wichtig ist auch die höhere Transparenz des Verwaltungshandelns. Z. B. ist es bei digitalen Portalen möglich, den Bearbeitungsstand zu jeder Tageszeit abzufragen. Auch dies wird von den Bürgerinnen und Bürgern immer mehr verlangt.

2.2 E-Government Modell von Ebrahim und Irani

Ebrahim und Irani beschreiben E-Government als Schichtenmodell. Es gibt die vier folgenden Schichten:

- Infrastructure Layer (Infrastrukturschicht)
- E-Government Layer (E-Government-Schicht)
- E-Business Layer (E-Business-Schicht)
- Access Layer (Zugriffsschicht)

Zwischen den benachbarten Schichten werden Daten und Dienste ausgetauscht.

Die Infrastrukturschicht enthält die technische Infrastruktur, die zur Zurverfügungstellung der Dienste erforderlich ist. Dazu gehören Server, LAN, Intranet, Internet, Extranet und weiteres.

Die E-Business-Schicht enthält die Anwendungen und Daten für die zur Verfügung gestellten Services. Hierzu zählen z. B. ein Dokumentenmanagementsystem, Customer-Relationship-Management-System, Enterprise-Ressource-Planning-System und Web-Anwendungen.

Über die E-Government-Schicht werden die Anwendungen aus der E-Business-Schicht über ein Single-Sign-On-Portal (oder auch One-Stop-Portal) gebündelt für die Nutzenden zur Verfügung gestellt.

In der Zugriffsschicht befinden sich die Nutzenden der Services. Wie oben dargestellt sind das die vier Gruppen Bürgerinnen und Bürger, Wirtschaft, Verwaltung und Mitarbeitende der Verwaltung.

Für eine Darstellung des Modells siehe Abb. 2.3. (Ebrahim und Irani 2005)

Für weitere Modelle wird auf das Kap. 7 verwiesen. Hier werden Phasen- und Reifegradmodelle beschrieben, die zugleich eine Bewertung von Umsetzungen des E-Government ermöglichen.

Im Zusammenhang mit dem Begriff E-Government fallen häufig noch weitere verwandte Begriff, wie z. B. E-Democracy, Open oder Smart Government. Diese sollen im Folgenden erläutert und voneinander abgegrenzt werden.

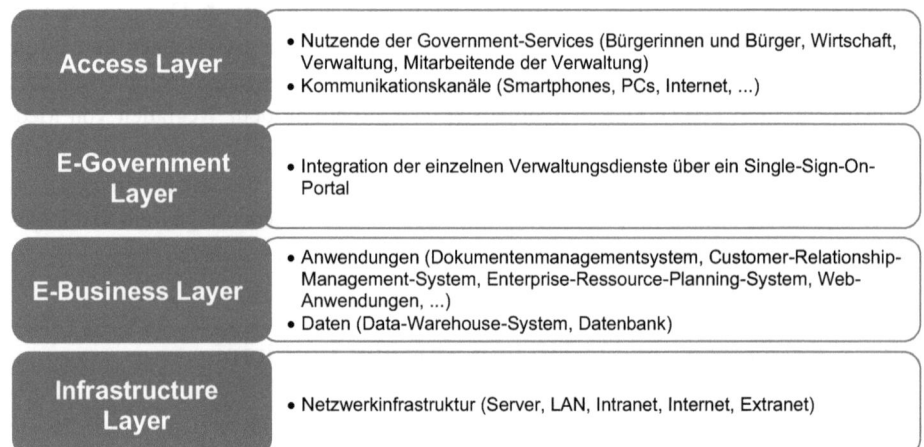

Abb. 2.3 E-Government Modell von Ebrahim und Irani (eigene Darstellung)

2.3 Smart Government

Der Begriff Smart Government ist wesentlich jünger als der Begriff E-Government. Auch hier gibt es wieder verschiedene Definitionen. Hier wird auf die Definition von Lucke verwiesen:

▶ „Unter Smart Government soll die Abwicklung geschäftlicher Prozesse im Zusammenhang mit dem Regieren und Verwalten (Government) mit Hilfe von intelligent vernetzten Informations- und Kommunikationstechniken verstanden werden." (Lucke 2016)

Während E-Government auf die elektronische Verwaltung abzielt, geht der Begriff Smart Government weiter und zielt nicht nur auf die elektronische Verwaltung sondern intelligente Verwaltung ab. D. h. die genutzten elektronischen Systeme sollen intelligente Systeme sein. Hier kommen also Systeme der künstlichen Intelligenz zum Einsatz. Die einzelnen Systeme sind untereinander vernetzt und können miteinander agieren. Der Begriff Smart Government umfasst also mehr als der Begriff E-Government. Da er sich explizit auf die intelligente Vernetzung fokussiert, löst er den Begriff E-Government nicht ab, sondern stellt einen weiteren Aspekt dar.

Als Beispiel kann hier die smarte City betrachtet werden. Hierbei wird die Stadt mit einer Vielzahl von Sensoren ausgestattet. Leistungen werden nur erbracht, wenn diese benötigt werden. Zum Beispiel könnten Sensoren für die Beleuchtung der Stadt eingesetzt werden. Die Beleuchtung würde nur angeschaltet, wenn dies auch benötigt wird, d. h. wenn es dunkel ist und Personen sich aktuell an dem Ort befinden.

2.4 Open Government

Unter Open Government wird das „Öffnen" der Verwaltung und Regierung gegenüber den Mitbürgerinnen und Mitbürgern verstanden. Nach Herzberg hat sich hier ein Bedeutungswandel vollzogen. Wurde ursprünglich unter Open Government allein die Transparenz des Regierungshandelns verstanden, hat sich das Verständnis dahingehend geändert, dass mittlerweile unter Open Government vor allem auch die Interaktion zwischen Staat, Bürgerinnen und Bürgern und Wirtschaft verstanden wird. Bürgerinnen und Bürger sowie die Wirtschaft sollen am Regierungshandeln beteiligt werden (Herzberg 2013). Ursprüngliches Ansinnen war, dass das Regieren und Verwalten transparent gestaltet werden soll. Das Verwaltungshandeln kann durch die Bürgerinnen und Bürger besser nachvollzogen werden. Dies sorgt dafür, dass festgestellt werden kann, ob Prozesse ordnungsgemäß abgewickelt werden und Korruption vermieden werden kann. (Albers et al. 2019) Die Werte der Demokratie sollen dadurch gestärkt werden.

Ebenso wie der Begriff Smart Government nicht den Begriff E-Government ablöst, tut dies auch nicht der Begriff Open Government. Der Begriff Open Government greift ebenfalls wieder einen weiteren Aspekt. Open Government benötigt zwar E-Government, ist aber eher Verständnis, wie gutes Verwaltungshandeln aussehen soll. E-Government bezeichnet eher die Form, wie Verwaltung und Regierung im praktischen umgesetzt werden soll.

2.5 Open Data

Teil des transparenten Regierens und Verwaltens ist die Bereitstellung von offenen Daten. Dies wird unter dem Schlagwort Open Data verstanden. Basis dafür ist das E-Government-Gesetz (EGovG). In § 12a wird geregelt, dass Behörden Daten zur Verfügung stellen, die sie erhoben haben.

Der IT-Planungsrat hat die Anwendung GovData (https://www.govdata.de/) ins Leben gerufen. Hier veröffentlichen der Bund und 14 Bundesländer Daten der Verwaltung. Mit Stand vom 11.12.2022 stehen dort 74.483 Datensätze zur Verfügung. Daneben werden noch Anwendungen vom Bund, den Ländern und Kommunen vorgestellt und verlinkt.

Als Beispiele können Daten zum Thema Wetter genommen werden. Zum Beispiel werden über eine Internetseite die aktuellen Messwerte von über 600 Pegeln an Flüssen zur Verfügung gestellt.[1]

---

[1] Vgl. https://www.pegelonline.wsv.de/gast/start.

2.6 E-Democracy

Der Begriff E-Democracy ist ein Teil des E-Government und bezeichnet die digitalen Beteiligungsmöglichkeiten der Bürgerinnen und Bürger an Politik und Verwaltung. Meier definiert den Begriff folgendermaßen:

▶ „Unter Electronic Democracy oder eDemocracy versteht man die Unterstützung und Erweiterung der bürgerlichen Rechte und Pflichten in der Informations- und Wissensgesellschaft." (Meier 2009)

Wenn Partizipation am demokratischen Prozesse wie z. B. Bürgerbeteiligungen digital vorgenommen werden können, dann sprechen wir von E-Democracy oder hier im speziellen von E-Partizipation. Ziel soll es auch sein, dass Bürgerinnen und Bürger früher in die Prozesse mit reingenommen werden können durch digitale Beteiligungen und Abstimmungen (Meier 2009).

Ein weiterer Aspekt der E-Democracy ist das E-Voting, d. h. elektronische Wahlen. Für Wahlen in Vereinen oder anderen Organisationen werden schon elektronische Wahlen vorgenommen. Das Herausforderung bei Wahlen ist, dass diese frei, geheim und unabhängig sein müssen. Dies beim E-Voting zu erreichen, ist eine große Herausforderung.

2.7 E-Administration

In Abgrenzung zum Begriff E-Democracy wird unter E-Administration alle Services der digitalen Verwaltung bezeichnet (Wirtz 2010). Der Begriff bezeichnet also im Wesentlichen die administrativen Tätigkeiten, die eher der klassischen Verwaltung als dem Regieren zugerechnet werden können. Heutzutage wird der Begriff allerdings weniger verwendet. Stattdessen werden die Services der digitalen Verwaltung unter dem Oberbegriff E-Government gefasst.

2.8 E-Anwendungen

Es gibt noch weitere „E-"Begriffe, wie z. B. E-Health oder E-Justice. Diese Begriffe erfassen jeweils die Spezialanwendungen für den speziellen Bereich (Wirtz 2010). Insgesamt wird die Thematik als E-Anwendungen bezeichnet.

Beispielsweise wird unter E-Health die elektronische Patientenakte[2] oder das E-Rezept[3] gefasst. In der elektronischen Patientenakte werden Befunde und Informationen

---

[2] Siehe https://www.bundesgesundheitsministerium.de/elektronische-patientenakte.html.
[3] Siehe https://www.bundesgesundheitsministerium.de/e-rezept.html.

zu Untersuchungen und Behandlungen gespeichert, sodass dieses von anderen behandelnden Ärzten eingesehen werden kann. Das E-Rezept ermöglicht das Erstellen und Vorzeigen von Rezepten papierlos mittels einer App.

Im Bereich E-Justice wird die Modernisierung der Justiz beschrieben und auch hier die Überführung der bisher weitgehend analogen Prozesse in digitale. Auch hier wird wieder die komplette Überarbeitung der bisherigen Aufgaben im Sinne einer digitalen Transformation angestrebt.

2.9 Verwaltung 4.0

Der Begriff Verwaltung 4.0 leitet sich von dem Begriff Industrie 4.0 ab. Der Begriff Industrie 4.0 wurde 2011 auf der Hannover Messe erstmalig vorgestellt. Das Bundesministerium für Bildung und Forschung (BMBF) definiert:

▶Im Zeitalter der Digitalisierung verbindet sich mit „Industrie 4.0" ein grundlegender Innovations- und Transformationsprozess industrieller Wertschöpfung. […] Heutige starre und fest definierte Wertschöpfungsketten werden abgelöst durch flexible, hochdynamische Wertschöpfungssysteme in weltweit vernetzten Wertschöpfungsnetzwerken mit neuen Arten der Kooperation. (Bundesministerium für Bildung und Forschung 2020)

Wichtig hierbei ist das Internet der Dinge. Das Internet der Dinge bezeichnet die Vernetzung von Objekten mit dem Internet. Dies ermöglicht eine direkte Kommunikation von Objekten untereinander und nicht nur der Menschen untereinander. Diese Einbindung in die industrielle Wertschöpfung eröffnet die oben allgemein definierte neue Art von Produktion und bringt vielfältige neue Möglichkeiten Prozesse zu optimieren.

Die Übertragung des Begriffs Industrie 4.0 auf die Verwaltung wird mit Verwaltung 4.0 bezeichnet. Der Begriff wurde erstmalig von Hogrebe und Kruse eingeführt (Hogrebe und Kruse 2014). Verstanden wird hierunter ähnlich wie bei dem Begriff Industrie 4.0 die Nutzung und Vernetzung intelligenter Objekte in der Verwaltung. Es bleibt noch zu erwähnen, dass der Begriff „4.0" aktuell variabel an verschiedenste Begriffe gehangen wird und damit immer die Übertragung der ursprünglich für die Industrie gedachten Innovationen auf die Begriffe gemeint wird. Als Beispiel sei hier der Begriff „Führung 4.0" oder „Hochschule 4.0" genannt.

Der Begriff Verwaltung 4.0 reicht weiter als der Begriff E-Government. E-Government ist eine Voraussetzung für die Verwaltung 4.0, wie auch Piesold ausführt (Piesold 2021).

Eine Abgrenzung der Begriffe Smart Government und Verwaltung 4.0 ist aktuell noch nicht vollständig möglich. Sie werden zum Teil auch synonym verwendet.

In diesem Kapitel wurden die wesentlichen Begriffe zum E-Government eingeführt und definiert. Einen weiteren Überblick geben die Werke von Wirtz (Wirtz 2010), (Wirtz 2022) und Meier (Meier 2009).

Literatur

Albers, M.; Braun Binder, N.; Debus, A.; Denkhaus, W.; Heinemann, D.; Heinemann, M. et al. (2019): Digitalisierte Verwaltung – Vernetztes E-Government. 2., völlig neu bearbeitete Auflage. Hg. v. Margrit Seckelmann. Berlin: Erich Schmidt Verlag.

Bundesministerium für Bildung und Forschung (Hg.) (2020): Industrie 4.0. Innovationen im Zeitalter der Digitalisierung. Deutschland. Stand: April 2020. Berlin (Hightech-Strategie 2025, Köpfe, Kompetenzen, Innovationen). Online verfügbar unter https://www.bmbf.de/upload_filestore/pub/Industrie_4.0.pdf.

Charalabidis, Y.; Flak, L. S.; Viale Pereira, G. (Hg.) (2022): Scientific Foundations of Digital Governance and Transformation. Concepts, Approaches and Challenges. Cham: Springer International Publishing; Imprint Springer (Springer eBook Collection, volume 38).

Ebrahim, Z.; Irani, Z. (2005): E-government adoption: architecture and barriers. In: *Business Process Management Journal* (11), S. 589–611.

Herzberg, J. (2013): "Open Government" – Versuch einer Begriffsbestimmung. In: *Verwaltung und Management* 19 (1), S. 40–44.

Hogrebe, F.; Kruse, W. (2014): Verwaltung 4.0 – Erste empirische Befunde.

Lucke, J. von (Hg.) (2016): Smart Government. Intelligent vernetztes Regierungs- und Verwaltungshandeln in Zeiten des Internets der Dinge und des Internets der Dienste: Beiträge zum Smart Government Symposium am The Open Government Institute. epubli GmbH. Berlin: Epubli (TOGI-Schriftenreihe, Band 16). Online verfügbar unter http://www.epubli.de.

Lucke, J. von; Reinermann, H. (2002): Speyerer Definition von Electronic Government. In: Electronic government in Deutschland. Speyer: Forschungsinst. für Öffentliche Verwaltung, 2002.

Meier, A. (2009): eDemocracy & eGovernment. Entwicklungsstufen einer demokratischen Wissensgesellschaft. Berlin, Heidelberg: Springer Berlin Heidelberg. Online verfügbar unter http://nbn-resolving.org/urn:nbn:de:bsz:31-epflicht-1609968.

Nationaler Normenkontrollrat (2017): Mehr Leistung für Bürger und Unternehmen: Verwaltung digitalisieren, Register modernisieren. 1. Auflage, Oktober 2017. Wiesbaden.

Ndou, V. (Dardha) (2004): E-Government for Developing Countries: Opportunities and Challenges. In: *The Electronic Journal of Information Systems in Developing Countries* (18), S. 1–8.

Piesold, R.-R. (2021): Kommunales E-Government. Grundlagen und Bausteine zur Digitalisierung von Verwaltungen. 1. Aufl. 2021. Berlin, Heidelberg: Springer Berlin Heidelberg. Online verfügbar unter http://nbn-resolving.org/urn:nbn:de:bsz:31-epflicht-1878860.

Wirtz, B. W. (Hg.) (2010): E-Government. Grundlagen, Instrumente, Strategien. 1. Aufl. Wiesbaden: Gabler.

Wirtz, B. W. (2022): E-Government. Strategie – Organisation – Technologie. Berlin, Heidelberg: Springer Gabler (Lehrbuch). Online verfügbar unter https://doi.org/10.1007/978-3-662-65330-2.

Rechtlicher Rahmen 3

Die Entwicklung von E-Government in Deutschland lässt sich auch an der Entwicklung der diesbezüglichen Gesetzgebung und des rechtlichen Rahmens darstellen. In der nachfolgenden Betrachtung werden die einschlägigen Gesetze und Verordnungen in drei Kategorien unterschieden:

- Grundlagen: Hier werden Gesetze und Verordnungen eingeordnet, die eher auf Voraussetzungen zur Umsetzung von E-Government abzielen. Beispiele hierfür ist u. a. die Anpassung des Personalausweisgesetzes von 2009, in dem der neue Personalausweis mit Online-Funktion verankert wurde.
- Leistungen: Hierunter wird all das verstanden, was auf direkte Leistungen abzielt. Bekanntes Beispiel dieser Kategorie ist das Onlinezugangsgesetz, das direkte Leistungen adressiert.
- Infrastruktur: In einem weiteren Kapitel wird das Thema Infrastruktur aufgegriffen. Für die Einrichtung und Weiterentwicklung von E-Government sind Infrastrukturen erforderlich, mit deren Hilfe ein Angebot ermöglicht oder verbessert werden kann. Beispiele hierfür sind das De-Mail-Gesetz oder Registermodernisierungsgesetz.

Es zeigt sich zum einen eine Zunahme der konkretisierenden Gesetze und Verordnungen insgesamt und zum anderen ein Anstieg in der Kategorie Leistungen und Umsetzungen. Dies veranschaulicht die zunehmende Konkretisierung und Verbreitung von E-Government.

Einige Gesetze oder Verordnungen lassen sich auch anderen als den hier gewählten Kategorien zuordnen. Jedoch wurde hier der hauptsächliche Inhalt des Gesetzes gewertet.

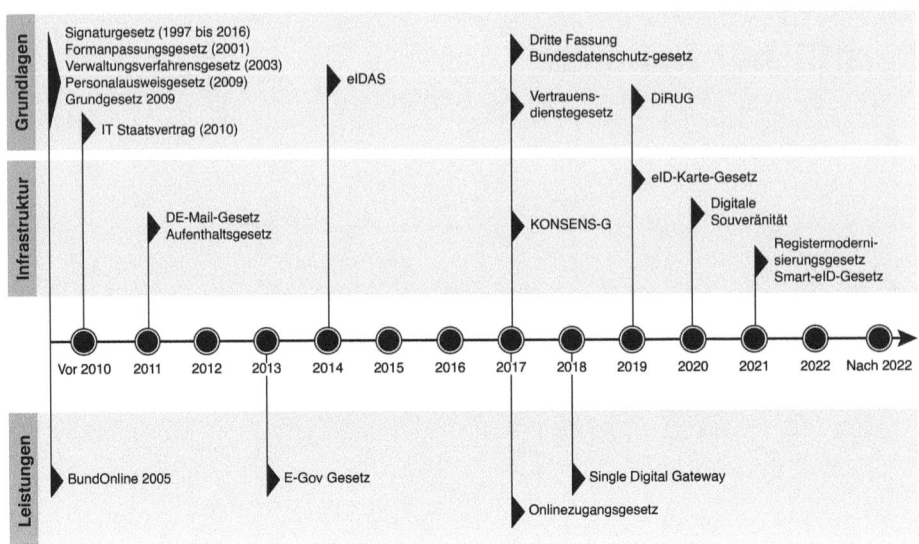

Abb. 3.1 Entwicklung der rechtlichen Grundlagen (eigene Darstellung)

Nachfolgend werden die in der Abbildung aufgeführten Gesetze kurz beschrieben und deren Bedeutung für die Entwicklung skizziert (Abb. 3.1).

3.1 Grundlagen

Die hier betrachteten Gesetze adressieren überwiegend Inhalte, mit denen Voraussetzungen, Grundlagen oder die Basis für eine Umsetzung von E-Government geschaffen werden sollen. Einige der Gesetze beinhalten auch Aspekte, die z. B. in die Gruppe „Leistungen" oder „Infrastruktur" gepasst hätten, aber in ihrer Form eher eine Änderung der grundlegenden rechtlichen Aspekte thematisieren, in deren Folge sich einer der anderen Aspekte ergab.

3.1.1 Signaturgesetz (1997)

Mit Aufkommen des zunehmenden Online-Handels und vor allem des rapide anwachsenden Online-Bankings wurde die Frage nach einer Absicherung und damit der Schaffung von Rechtsverbindlichkeit von Transaktionen virulent. Das Gesetz wurde im Jahr 1997 erlassen und regelt im Kern drei Aspekte:

3.1 Grundlagen

- Welche Formen elektronischer Signaturen es gibt und welche Anforderungen diese erfüllen müssen (insbesondere § 4 SigG).
- Was Zertifizierungsdienste ausmacht und wer zertifizieren darf (§ 5 SigG).
- Wie diese vorgenannten Dienste anerkannt und beaufsichtigt werden (§ 18 und 19 SigG).

Insbesondere die Definition der drei Signaturstufen: einfache, fortgeschrittene und qualifizierte Signatur (§ 2 SigG) ist eine Festlegung gewesen, die im weiteren auch Eingang in die Nachfolgegesetzgebung fand. Die Grundsystematik der Akkreditierung von Stellen, die anerkannte Signaturen ausgeben können, ist ebenfalls beibehalten worden. Insofern war das Signaturgesetz, das mit Inkrafttreten des Vertrauensdienstegesetzes im Jahr 2017 außer Kraft trat, ein wegweisendes Gesetz für die erforderliche Infrastruktur zur Identifizierung im elektronischen Geschäftsverkehr und damit auch eine Grundlage für E-Government.

Nach Schaffung dieser Gesetzgebung zur technischen Voraussetzung wurde die Notwendigkeit die nun theoretisch mögliche technische Willenserklärung auch rechtlich zu verankern erkannt, was im Formanpassungsgesetz von 2001 erfolgt.

3.1.2 Formanpassungsgesetz (2001)

Im Bürgerlichen Gesetzbuch sind die Formen der Willenserklärung geregelt. Um in diesem und in weiteren Gesetzen die Form der elektronischen Willenserklärung zu ergänzen und diese damit verbindlich zuzulassen wurde das Formanpassungsgesetz (FormAnpG) als Artikelgesetz erlassen. Es ergänzte u. a. den § 126a und damit die elektronische Willensbildung im BGB. Vergleichbar wurden mit diesem Gesetz auch Regelungen in anderen Rechtsnormen beschlossen. Damit wurde dieser Form der Willenserklärung grundsätzlich der gleiche Rang eingeräumt, wie anderen Formen der Willenserklärung. Dies stellt eine wesentliche Grundlage für den elektronischen Geschäftsverkehr und damit auch für E-Government dar.

Mit dem Formanpassungsgesetz ergab sich folgerichtig der Zwang das Verwaltungsverfahrensgesetz zu ändern, um diese Form der Willensklärung im bürokratischen Ablauf zu ermöglichen.

3.1.3 Verwaltungsverfahrensgesetz (Änderung 2003)

Das Verwaltungsverfahrensgesetz stellt eine wesentliche rechtliche Grundlage der bürokratischen Ordnung in Deutschland dar. Es existiert als Bundes- und gleichlautend als Landesgesetz. Erst 1977 trat das bundeseinheitliche Gesetz in Kraft. Im Jahr 2003 trat das dritte Gesetz zur Änderung und damit der neu formulierte § 3a VwVfG in Kraft. Dieser

Paragraf ermöglicht grundsätzlich E-Government als elektronische Geschäftsbeziehung mit staatlichen Institutionen, in dem er die „Übermittlung elektronischer Dokumente", die Erfüllung der Schriftform in elektronischer Form und damit elektronische Verwaltungsakte für zulässig erklärt.

Mit dem Signaturgesetz sowie den Änderungen u. a. im BGB (Formanpassungsgesetz) und im Verwaltungsverfahrensgesetz kann im Jahr 2001 die Schaffung der notwendigen rechtlichen Basis für E-Government als erfüllt angesehen werden: Die rechtssichere „Unterschrift" im digitalen Verfahren war geregelt, sie war im BGB als gleichwertige Willensäußerung legitimiert worden und als offizieller Verfahrensweg in der bürokratischen Ordnung verankert.

Die weiteren Gesetze zu den Grundlagen bezogen sich ab dann stärker auf die Ausgestaltung dieser rechtlichen Basis. Bestes Beispiel hierfür ist die Reform der Personalausweisgesetzes, mit dem die technische Realisierung der Signatur und elektronischen Willensäußerung eingeleitet wurde.

3.1.4 Personalausweisgesetz (Änderung 2009)

Das Personalausweisgesetz regelt seit dem Jahr 1950 die Form der Ausweispflicht. Bis ins Jahr 2010 war der Personalausweis ein reines Sichtdokument, das 2007 lediglich um maschinenlesbare Zeilen ergänzt wurde. Mit der wesentlichen Neufassung des Personalausweisgesetzes Ende 2008 zum November 2010 wurde der sog. neue Personalausweis (nPA) eingeführt. Neben der Änderung der äußeren Form wurde ein RFID-Chip ergänzt (§ 5 Absatz 4 PAuswG). Neben der Speicherung von Daten auf dem Chip, u. a. Fingerabdrücke für hoheitliche Funktionen, wurde die Funktion der elektronischen Authentifizierung eingeführt (§ 10 PAuswG). In verschiedenen Ausbaustufen wurde der neue Personalausweis mit allen Funktionalitäten ohne opt-out-Möglichkeiten zum August 2021 abschließend ausgerollt. Bis dahin konnte dem Speichern von Fingerabdrücken oder der Aktivierung Online-Funktion (bis noch 2017) widersprochen werden. Unter Berücksichtigung der 10-jährigen Gültigkeit eines Personalausweises ab einem bestimmten Alter, kann ab dem Jahr 2027 prognostiziert werden, dass alle dann gültigen Personalausweise auch über die Online-Funktion als nPA verfügen. Dies stellt als zentrales Identifikationsinstrument die wesentlichste Grundlage für E-Government in der Beziehung Government-to-Citizen dar, womit diese Gesetzesänderung fast als die wichtigste Gesetzgebung auf dem Weg zur digitalen Verwaltung gelten kann.

Parallel zur Schaffung der technischen und rechtlichen Grundlagen wurden im Grundgesetz im Folgenden auch organisatorische Änderungen der Zuständigkeiten geregelt. Diese basierten auf der Erkenntnis, dass grundgesetzliche Reglungen zur Zustandigkeit der Länder die Schaffung eines einheitlichen Rahmens für ganz Deutschland erschweren konnten.

3.1.5 Grundgesetz Artikel 91c (Ergänzung 2009 und Änderung 2017)

Im Zuge der Föderalismusreform II wurden im Jahr 2009 einige wesentliche Änderungen und Ergänzungen in der Zuständigkeit zwischen Bund und Ländern geregelt. Eine davon betraf die Zusammenarbeit in Fragen der IT. Hierzu wurde der Artikel 91c GG ergänzt, in dem eine Zusammenarbeit von Bund und Ländern gefordert wird und gemeinsame Standards zu beschließen sind. Es wurden zudem Regelungen zum Beschluss von gemeinsamen Standards gefunden und den Ländern die Zusammenarbeit ermöglicht. Dem Bund wiederum wurde die Kompetenz für den Aufbau eines Bund-Länder-Verbindungsnetzes zugeschrieben.

In der Folge wurde der IT-Staatsvertrag abgeschlossen. Im Jahr 2017 wurde der Artikel um den Punkt 5 ergänzt, in dem geregelt wird, dass der „übergreifende informationstechnische Zugang zu den Verwaltungsleistungen" für Bund und Länder durch ein zustimmungspflichtiges Bundesgesetz zu regeln ist. Mit dieser Ergänzung in Verfassungsrang ist der Notwendigkeit die IT-technischen Infrastrukturzuständigkeiten zwischen Bund und Ländern zu regeln Rechnung getragen worden. Dies umfasst zudem diese grundlegenden IT-technischen Fragen, die ihrerseits eine Basis für E-Government ausmachen.

3.1.6 IT-Staatsvertrag (2010)

Zur Ausführung des Artikels 91c des Grundgesetzes wurde im Jahr 2010 der „Vertrag über die Errichtung des IT-Planungsrats und über die Grundlagen der Zusammenarbeit beim Einsatz der Informationstechnologie in den Verwaltungen von Bund und Ländern – Vertrag zur Ausführung von Artikel 91c GG (IT-Staatsvertrag)" geschlossen (Vertrag zur Ausführung von Artikel 91c GG (GGArt91cVtr), vom 20.11.2009). In diesem wurden zwei wesentliche Grundlagen für die Umsetzung von E-Government in Deutschland geschaffen. Einerseits wurde der IT-Planungsrat errichtet (§ 1 IT-Staatsvertrag), in dem Bund und Länder u. a. die Zusammenarbeit in IT-Fragen koordinieren, die Standards gemeinsam festlegen und konkrete Projekte steuern. Im zweiten Abschnitt sind Regelungen für die Festlegung von Standards und zur Interoperabilität getroffen (§ 2 IT-Staatsvertrag). Die Rolle des IT-Planungsrats wird an anderer Stelle konkreter betrachtet (u. a. Abschnitt III IT-Staatsvertrag). Er gilt jedoch nicht zuletzt seit der Umsetzung des Onlinezugangsgesetzes (siehe dort) als zentrales Organ für Fragen zum E-Government in Deutschland.

Die Weiterentwicklung der frühen Grundlagengesetze zweit sich an der grundlegenden Verordnung der Europäischen Kommission. Mit dieser und dem dann folgenden Vertrauensdienstegesetz wurde das Signaturgesetz weiterentwickelt und letztlich abgeschafft.

3.1.7 eIDAS (2014) Vertrauensdienstegesetz (2017)

Auf europäischer Ebene ist das Thema Signaturen im Jahr 1999 mit einer kurzen Verordnung auch europäisch geregelt worden. Die nachfolgende Verordnung aus dem Jahr 2014 war die sog. eIDAS-Verordnung (electronic Identification, Authentification and trust Services). Mit dieser Verordnung wurde ein einheitlicher europäischer Rechts- und Technologierahmen geschaffen und somit der EU-Digitalmarkt ermöglicht. Wesentlicher Inhalt der Verordnung waren Bestimmungen über die elektronische Identifizierung, Vertrauensdienste, die Einführung von elektronischen Siegeln als das Pendant zu elektronischen Signaturen für juristische Personen und deren Validierung. Auch Regelungen zu verbindlichen elektronischen Zeitstempeln sowie elektronische Einschreiben wurden festgeschrieben. Die eIDAS-Verordnung wurde als unmittelbar geltendes EU-Recht verabschiedet und damit verbindlich. Das entsprechende Ergänzungsgesetz zur Ausführung in Deutschland wurde das Vertrauensdienstegesetz, das im Jahr 2017 erlassen wurde. In diesem wurde u. a. die in Deutschland verwendete Begrifflichkeit angepasst und die Institutionen konkretisiert, welche die vorgeschriebenen Funktionen erhält. Im Wesentlichen wurde die Bundesnetzagentur Aufgabenträger zur Erfüllung der Funktionen gemäß eIDAS-Verordnung (§ 2 Absatz 1 VDG). Dem BSI wurde nur eine zusätzliche Aufgabe übertragen (§ 2 Absatz 1 Satz 2 VDG). Mit Erlass des VDG wurde das Signaturgesetz von 1997 außer Kraft gesetzt.

Die sich weiter entwickelnden Umsetzungen und Möglichkeiten zeigten sich auch in weiteren Rechtsbereichen. So wurden das Bundesdatenschutzgesetz und Regelungen im Gesellschaftsrecht ergänzt bzw. konkretisiert.

3.1.8 Dritte Fassung Bundesdatenschutzgesetz (Änderung 2017)

Als Gesetz mit einer besonderen Ausrichtung kann das Bundesdatenschutzgesetz charakterisiert werden. Dieses trat ursprünglich im Jahr 1977 in Kraft. Eine wesentliche Änderung erfuhr es im Jahr 2017 zwecks Umsetzung der Datenschutz-Grundverordnung (DSGVO) aus dem Jahr 2016. In diesen Rechtsnormen ist insbesondere der Umgang mit elektronischen Daten geregelt, wie beispielsweise die Einwilligung und die Rechtmäßigkeit der Verarbeitung, der Umgang mit personenbezogenen Daten, das Auskunftsrecht oder das Recht auf Löschung (Teil 3 BDSG). Es gilt als wesentliche Grundlage zur Schaffung eines sicheren Rahmens und einer sicheren Basis zur Verarbeitung von Daten. Es soll insbesondere auch den Nutzern von elektronischen Dienstleistern die Hoheit über ihre Daten geben und die Sicherheit der Daten gewährleisten. Beides sind wesentliche Aspekte im Ausbau und der Nutzung von E-Government.

3.1.9 Gesetz zur Umsetzung der Digitalisierungsrichtlinie (2021)

In der Übersicht der Grundlagengesetze wird beispielhaft auch das Gesetz zur Umsetzung der Digitalisierungsrichtlinie aus dem Jahr 2021 aufgeführt. Mit diesem wurde die entsprechende EU-Richtlinie aus dem Jahr 2019 eingeführt. Darin sind grundlegende Vorgaben gemacht worden, dass wesentliche Verfahren im beispielsweise Bereich des Gesellschaftsrechts auch digital durchgeführt werden müssen (Artikel 2 DiRuG). Beispiele hierfür sind die Online-Gründung von Gesellschaften oder die Online-Verfahren im Registerwesen. Dieses Gesetz regelt zwar im Vergleich zu den bisher vorgestellten Rechtsnomen nur Inhalte in Teilbereichen, kann aber exemplarisch als Grundlagengesetz angesehen werden, weil neben bestimmten Leistungen (Gründungen) auch Regelungen als Basis für den elektronischen Austausch innerhalb der EU getroffen wurden.

3.2 Leistungen

In diesem Abschnitt wird der rechtliche Rahmen für konkrete Leistungen aufgezeigt. Auch hier zeigt sich die qualitative Entwicklung der Gesetzgebung, die einher mit der Entwicklung der E-Government Leistungen steht.

Die Initiative BundOnline war ein rudimentärer erster Ansatz um einerseits Leistungen zu realisieren und einige Grundlagen zu schaffen.

3.2.1 BundOnline 2005

Im Juli 2001 hat das Bundeskabinett die erste große Initiative für E-Government gestartet. In Federführung des Bundesinnenministeriums wurden 376 konkrete Dienstleistungen identifiziert, die im Rahmen dieser Initiative online erbracht werden sollten und über die neue zentrale Homepage www.bund.de zu erreichen sein sollten (Bundesregierung 2001). Zudem sollten Standards bestimmt werden. Diese wurde in Form der „Standards und Architekturen für E-Government-Anwendungen" (SAGA) erlassen und bis ins Jahr 2011 fortgeschrieben (Bundesregierung 2001). Zur Umsetzung der ersten Zielsetzung wurden Modellprojekte identifiziert, die konkret umgesetzt werden sollten. Beispiele hierfür waren „BaFöG-online", Bestätigungsabfrage der Umsatzsteueridentifikationsnummer oder „Arbeitsamt online" (Bundesregierung 2001). Die Umsetzung sollte zudem als „Einer-für-Alle-Dienstleistungen" erfolgen, womit das Prinzip, das später auch für die Umsetzung des Onlinezugangsgesetzes wichtig wurde, bereits eingeführt wurde.

In einer Bewertung der Umsetzung aus dem Jahr 2005 wurden 338 Dienstleistungen benannt, die im Rahmen der Initiative mit Ablauf des Jahres 2004 online angeboten wurden (Wilkens 2005). Zur Fortführung dieser Initiative wurden verschiedene Kabinettsbeschlüsse gefasst und Projekte aufgesetzt. Abschließend lässt sich bewerten, dass mit

BundOnline 2005 ein Startschuss für die Digitalisierung der Bundesverwaltung gefallen war und viele Leistungen zumindest online erreichbar wurden.

Aus der Erkenntnis, dass die Formulierung von Grundlagen ein wesentlicher Baustein für die weitere Entwicklung ist, wurde das E-Gov-Gesetz beschlossen. Es adressierte keine konkrete Leistung an sich, sondern stellte die Verpflichtung auf, u. a. einen „elektronischen Kanal" zur Verwaltung zu schaffen.

3.2.2 E-Government-Gesetz (2013)

Im Jahr 2013 wurde das erste eigenständige Gesetz zur Förderung der elektronischen Verwaltung (E-Government-Gesetz – EGovG) erlassen. Es sollte die „Abwicklung geschäftlicher Prozesse im Zusammenhang mit Regieren und Verwalten mit Hilfe von Informations- und Kommunikationstechniken über elektronische Medien" regeln. Das Gesetz hat damit die Speyerer Definition von E-Government verwendet. Neben dem Abbau von gesetzlichen Hürden in der Realisierung von E-Government wurden verschiedene konkrete Leistungen normiert. Konkret wurden im EGovG die Forderung nach einer elektronischen Aktenführung aufgestellt (§ 6 EGovG), Erleichterungen für elektronische Zahlungsverfahren und Nachweise formuliert (§ 4 EGovG), Prozessdokumentation und deren Optimierung zum Standard erhoben (§ 9 EGovG) und die Verpflichtung zur Eröffnung eines elektronischen Kanals zur Verwaltung eingeführt (§ 2 EGovG). Mit diesem Gesetz sind viele grundlegende Leistungen auf der Ebene der Abwicklung normiert worden. Die Länder sind in der Folge gehalten gewesen, eigene E-Government-Gesetze zu beschließen, was bis zum Jahr 2016 erfolgte. Das E-Gov-Gesetz gilt als eines der Grundlagengesetze für alle weiteren Konkretisierungen.

Als das umfassendste Gesetz, das auch die Forderungen des E-Gov-Gesetzes ausweitete, kann das Onlinezugangsgesetz gelten. In nur elf Paragrafen werden umfassende Verpflichtungen formuliert und es haben sich hieraus die bislang umfassendsten Anstrengungen zur Umsetzung von E-Government Leistungen ergeben. Ein Teil der Inhalte dieses Buchs basieren auf der Umsetzung des Onlinezugangsgesetzes.

3.2.3 Onlinezugangsgesetz (2017)

Das Onlinezugangsgesetz kann als eines der wichtigsten Gesetze gelten, mit denen die Errichtung von Leistungen im Bereich des E-Government beschleunigt wurden. Nach Beschluss des Gesetzes wurde nicht direkt in der Breite erkannt, was sich unter dem Aspekt der Schaffung eines Zugangs mit verbundenen Portalen verbarg (Das Erste 2022). Die Errichtung von Zugängen war die eine Seite, die Schaffung von elektronischen Verwaltungsleistungen war die Voraussetzung für die Erreichung dieser Leistungen über Portale. Daher entfalteten sich im Verlauf des Umsetzungszeitraum bis Ende des Jahres

2022 breite Aktivitäten. So wurden unter maßgeblicher Leitung des IT-Planungsrats mit seinem Ausführungsorgan (der FITKO) ein sog. Umsetzungskatalog entwickelt, in dem definiert wurde, welche Leistungen umfasst sein sollten Stoc (Stocksmeier und Hunnius 2018). Diese Leistungen wurden als OZG-Leistungsbündel definiert und in Themenfeldern sowie Lebens- und Unternehmenslagen unterschieden. Da diese Leistungen in großen Teilen im föderalen System und vornehmlich in den Kommunen verortet sind, startete eine bundesweit koordinierte Arbeit aus Bund und Ländern. Ziel war, die Leistungen jeweils als eine Referenzimplementierung zu erstellen und diese dann allen übrigen Beteiligten zur Verfügung zu stellen. Dieses „Eine-für-Alle"-Prinzip wird im Rahmen der Umsetzung des OZG als zentrales Instrument genannt (Bundesministerium des Innern und für Heimat 2023). Die Umsetzung innerhalb des vorgegebenen Zeitrahmens ist gescheitert (dpa 2023). Die wesentlichen Gründe waren die in der Gesetzgebung nicht berücksichtigte Komplexität, nicht vorhandene Grundlageninfrastrukturen, ein zu Beginn unklares Ziel und die sukzessive Ausgestaltung von Standards und Unterstützungsleistungen (Wittstock 2022). Beispiele für diese Punkte sind die Servicestandards, die Definition von Reifegraden, Marktplätze, FIT-Connect, Modul F, BundID und viele weitere, auf die im Weiteren noch eingegangen wird. Somit lässt sich feststellen, obwohl die Umsetzung des Gesetzes formal gescheitert ist und im Sommer 2023 eine Nachfolgegesetz erörtert wird, war und ist das OZG ein wesentlicher Meilenstein in der Schaffung von E-Government-Leistungen in Deutschland. Neben umfangreichen Finanzmitteln, die über verschiedene Konjunkturprogramme von EU, Bund und Ländern sowie Kommunen für E-Government aktiviert wurden, sind eine Vielzahl von Angeboten und Grundlagen geschaffen worden. Diese werden auch nach Ablauf des Stichdatums weitere Umsetzungen nach sich ziehen, unabhängig vom Beschluss eines Nachfolgegesetzes.

Zur weiteren Steigerung der Leistungsqualität und zur Umsetzung eines europäischen Verwaltungszugangsgangs gilt die Single Digital Gateway Verordnung.

3.2.4 Single Digital Gateway (2018)

Das Parlament der EU und der EU-Rat haben im Jahr 2018 die Single Digital Gateway Verordnung erlassen (VERORDNUNG (EU) 2018/1724 DES EUROPÄISCHEN PARLAMENTS UND DES RATES vom 2. Oktober 2018 über die Einrichtung eines einheitlichen digitalen Zugangstors zu Informationen, Verfahren, Hilfs- und Problemlösungsdiensten und zur Änderung der Verordnung (EU) Nr. 1024/2012)). Ziel ist die Erweiterung der verschiedenen Portale, Websites und Dienste und deren Verknüpfung mit den Lösungen der einzelnen Länder. Unter dem Portal „Your Europe" soll dies zusammengefasst werden. Über diese sollen dann neben Informationen und Hilfen auch konkrete Verfahren zugänglich angeboten werden. Die Mitgliedsstaaten sollen Informationen zu neun Themenbereich für BürgerInnen und acht für Unternehmen verfügbar machen. Für sieben „Lebensereignisse" sind gemäß Artikel 6 Nr. 1 mit Anhang II SDG-VO verschiedene

Leistungen online anzubieten. Für 21 dieser Leistungen sind die Mitgliedsstaaten verpflichtet sie bis Dezember 2023 online über das Portal grenzüberschreitend anzubieten. Die Umsetzung in Deutschland ist eng mit der Umsetzung des Onlinezugangsgesetzes verknüpft.

3.3 Infrastruktur

Neben der Schaffung der rechtlichen Grundlagen ist für die Umsetzung von E-Government auch eine entsprechende Infrastruktur erforderlich. Diese wird in einem späteren Kapitel noch näher betrachtet. Hier werden die entsprechenden Gesetze vorgestellt, mit denen einige dieser Infrastrukturen geschaffen wurden. Teilweise sind die Gesetze zur Schaffung einer Infrastruktur identisch mit denen zur Schaffung der Grundlagen, wie im Beispiel der Änderung des Personalausweisgesetzes im Jahr 2009. Hier werden beispielhafte Rechtsnormen aufgeführt, die konkret Aspekte der Infrastruktur adressieren.

Dass nicht immer alle Gesetzgebungen erfolgreich sind, beweist das erste Gesetz der Liste. Zur Schaffung eines verbindlichen Kommunikationsweges im behördlichen und sonstigen Kontext sollte mit dem De-Mail-Gesetz eine sichere E-Mail geschaffen werden.

3.3.1 De-Mail-Gesetz (2011)

In Anknüpfung an die Regelungen zur elektronischen Kommunikation (siehe 2.3) wurde in der Praxis der Bedarf nach einer E-Mail-Adresse erkannt, mit der eine rechtsverbindliche Kommunikation auf elektronischem Wege mit sicherer Identifizierung ermöglicht wird. Beispiele gab es zu diesem Zeitpunkt bereits in anderen europäischen Ländern. Mit dem Gesetz wurde die Grundlage geschaffen, was De-Mail-Dienste sind, welche Anforderungen diese erfüllen müssen und wie sie akkreditiert und beaufsichtigt werden. Das mit dem Gesetz verfolgte Ziel einer weiten Verbreitung dieser Form von E-Mail-Adressen ist gescheitert. Mit dem Rückzug der Deutschen Telekom existieren im Juli 2022 nur zwei Anbieter (Borchers 2021). Laut Bundesrechnungshof hat die Bundesverwaltung selbst zwischen den Jahren 2016 und 2019 nur rund 6000 De-Mails verschickt (Bundesrechnungshof 2021). Die Verbreitung ist an fehlenden Nutzungsmöglichkeiten und zu hohen Kosten für die Verbraucher gescheitert. Das Thema De-Mail ist damit als gesonderte Infrastruktur laut Experten in Deutschland „tot". Die Hoffnung beruht nunmehr auf der Durchsetzung einer gesicherten E-Mail in Verbindung mit der eID in Verbindung mit der BundID (siehe Abschn. 5.3 und 5.11.2).

Als Ergänzung zum Personalausweis, der hier als Grundlagengesetz gewertet wurde, der nur deutschen Staatsbürgern den Zugang zu E-Government Leistungen ermöglicht, wurde der elektronische Aufenthaltstitel als physische Karte eingeführt.

3.3.2 Aufenthaltsgesetz (Änderung 2011)

Mit einem gesonderten Gesetz wurde das Aufenthaltsgesetz zum Jahr 2011 geändert, um eine entsprechende EU-Verordnung (elektronischer Aufenthaltstitel) umzusetzen. Mit diesem wurde in Deutschland die Ausgabe von elektronischen Aufenthaltstiteln eingeführt, die analog zum Personalausweis E-Government-Funktionen u. a. für in Deutschland lebende Staatsbürger anderer Länder ermöglicht (§ 4 AufenthG).

In eine andere Richtung geht das folgende Beispiel, mit dem die Schaffung der Infrastruktur für die Steuerverwaltung geregelt wurde.

3.3.3 KONSENS-G (2017)

Als ein Beispiel zur Schaffung einer gemeinsamen Infrastruktur kann das Gesetz über die Koordinierung der Entwicklung und des Einsatzes neuer Software der Steuerverwaltung (KONSENS-G) angeführt werden. Es baut auf dem vorherigen Verwaltungsabkommen KONSENS aus dem Jahr 2007 auf und regelt nunmehr mit Gesetzesnormierung die Steuerung und die operativen Strukturen zur Entwicklung einer neuen Software für die Steuerverwaltung. Als Infrastruktur kann hier somit die Projekt- und Entscheidungsstruktur für diesen Sonderfall des Zusammenwirkens von Bund und Ländern gelten. Die Umsetzung dieser neuen Software wird von den Rechnungshöfen kritisch gesehen.

Das nächste Beispiel ist wieder eine physische Ausweiskarte. In Anlehnung an den elektronischen Aufenthaltstitel wurde die eID-Karte für Bürgerinnen und Bürger der EU eingeführt.

3.3.4 eID-Karte-Gesetz – eIDKG (2019)

In Ergänzung zur Änderung des Personalausweisgesetzes und des Aufenthaltsgesetzes wurde zum Jahr 2019 die eID-Karte für Bürgerinnen und Bürger der EU und der Angehörigen des Europäischen Wirtschaftsraums eingeführt. Damit wurde der dritten Gruppe an in Deutschland lebenden Personen ebenfalls eine eID-Karte mit entsprechenden Funktionen ermöglicht.

Mit der Änderung des Personalausweises (2009), der Einführung des elektronischen Aufenthaltstitels (2011) und der eID-Karte (2019) sind alle in Deutschland lebenden Erwachsenen ohne Sonderstatus im Besitz einer eID bzw. sind zugangsberechtigt.

Dass sich Infrastrukturvorhaben nicht nur auf physische Karten und Softwareentstehung bezieht, zeigt der Beschluss zur Schaffung einer Digitalen Souveränität. Mit diesem werden grundlegende Infrastrukturvorhaben thematisiert, mit denen entstandene oder drohende Abhängigkeiten vermieden werden sollen.

3.3.5 Digitale Souveränität (2020)

Der Beauftragte der Bundesregierung für Informationstechnik, der IT-Rat und der IT-Planungsrat haben im Jahr 2020 ein Eckpunktepapier zur „Stärkung der Digitalen Souveränität der Öffentlichen Verwaltung" beschlossen. Auf dieser Basis hat dann der IT-Planungsrat ein Strategiepapier zur Stärkung dieser Souveränität (2021) und ein Strategiepapier „Deutsche Verwaltungscloud-Strategie – Föderaler Ansatz" beschlossen. Mit letzterem wird die Abhängigkeit von Softwareanbietern, eine eingeschränkte Informationssicherheit, die fremdgesteuerte Innovation und eingeschränkte Flexibilität beschrieben und kritisiert. Daher wird mit diesem Strategiepapier die Einführung einer sog. Deutschen Verwaltungscloud als zentrale IT-Infrastruktur der Öffentlichen Verwaltung begründet. Mit dieser sollen die verschiedenen Cloudlösungen gemeinsame Standards einhalten, offene Schnittstellen haben und damit interoperabel sein. Durch Standardisierung von Cloud-Architekturschichten sollen Anwendungen Cloud-übergreifend und wechselseitig genutzt werden. So sollen Abhängigkeit verringert, die Effizienz und Effektivität gesteigert und Datenschutz mit Informationssicherheit sichergestellt und gestärkt werden.

Im Jahr 2021 wurden zwei wesentliche Gesetzgebungen zur Infrastruktur abgeschlossen. In Fortführung der Gesetzgebung zu physischen ID-Karten ist das Smart-eID-Gesetz zu sehen. Diese legt die Grundlage, um eine eID nicht mehr nur innerhalb eine ID-Karte zu speichern. Das zweite Beispiel greift tief in die Registerstruktur Deutschlands ein und legt eine langfristige Grundlage für weiter digitalisierte Verwaltungsleistungen.

3.3.6 Smart-eID-Gesetz (2021)

Um elektronische Identitäten nicht mehr ausschließlich an physische Speichermedien wie den Personalausweis zu koppeln, wurde das Gesetz zur Einführung eines elektronischen Identitätsnachweises mit einem mobilen Endgerät erlassen. Mit diesem Artikelgesetz wird die Grundlage geschaffen eine eID im Mobiltelefon zu speichern, indem beispielsweise das Personalausweisgesetz ergänzt wurde (§ 10a PAuswG). Für die weitere Verwendung dieser eID ist dann nur noch die PIN und nicht mehr der physische Ausweis mit Kopplung notwendig. Über diesen kann beispielsweise die eID in das Mobiltelefone eingelesen werden. Hiermit wurde eine wesentliche Grundlage für die echte eID geschaffen, deren Verwendung unabhängig von einem physischen Träger funktioniert.

3.3.7 Registermodernisierungsgesetz (2021)

In Deutschland existieren je nach Zählung über 350 Register, von denen eine Vielzahl mehrfach, beispielsweise bei Kommunen existieren (Bundesverwaltungsamt 2023). Allein für die Umsetzung des Onlinezugangsgesetzes (siehe dort) sind mindestens 50

Register zu berücksichtigen. Mit den verschiedenen Zielen, die mit E-Government verfolgt werden – unter anderem die Anforderungen des Single Digital Gateway zu erfüllen – wurde in der Umsetzung deutlich, dass die Register in der aktuellen Form nicht die erforderlichen Anforderungen erfüllen. Die beiden wesentlichen Gründe waren die fehlende Verknüpfung der Register über eine Schlüsselidentifikation und die unterschiedlichen Dateneinträge zu ein und derselben Person. Die Diskussion wurde intensiv geführt und die gefundene Lösung letztlich unter viel Kritik seitens der Datenschützer und Verfassungsrechtler als Artikelgesetz im Gesetz zur Einführung und Verwendung einer Identifikationsnummer in der öffentlichen Verwaltung und zur Änderung weiterer Gesetze (Registermodernisierungsgesetz – RegMoG) beschlossen. Die Register sollen künftig über die Steueridentifikationsnummer verknüpft werden. Hierzu wurde mit dem Registermodernisierungsgesetz das Gesetz zur Einführung und Verwendung einer Identifikationsnummer in der öffentlichen Verwaltung (Identifikationsnummerngesetz – IDNrG) beschlossen. Die Vorteile dieser Lösung wurden in der bereits weit verbreiteten Zuteilung der Nummer, der nicht sprechenden Zahlenreihe, der Verwendung auch für juristische Personen und in dem Vorhandensein einer zuständigen Behördenstruktur gesehen. Die registerführenden Stellen in Bund und Ländern sowie in deren Folge die Kommunen sind gehalten, die Steuer-IdNr. bis Ende des Jahres 2026 in den gemäß Anlage zu § 1 des Gesetzes aufgeführten Registern zu ergänzen (§ 2 Nr. 1 IDNrG). Die dort genannten 51 Register umfassen die bedeutendsten Register in Deutschland, darunter die Melderegister, die Register im Kraftfahrbundesamt, das Ausländerzentralregister, die Register in der Rentenversicherung, das Bundeszentralregister oder die Gewerbezentralregister. Neben der Ergänzung der Steuer-IdNr. sind zudem die Daten in diesen Registern gemäß den Angaben im Bundeszentralamt für Steuern zu aktualisieren und aktuell zu halten (§ 2 Nr. 2 IDNrG). Hier haben die registerführenden Stellen zehn Jahre Zeit (Piesold 2021). Neben der bereits genannten Kritik am Gesetz steht zunehmend auch die Realisierbarkeit infrage, da der Zeitraum zur Umsetzung knapp ist, die Ergänzung der Steuer-IdNr. in einer Vielzahl an tatsächlichen Registern mit unterschiedlicher Software zu erfolgen hat und letztlich die Klärung des aktuellen Datensatzes noch offen ist.

Literatur

Borchers, D. (2021): Deutsche Telekom steigt bei De-Mail aus. In: *heise.de*, 31.08.2021. Online verfügbar unter https://www.heise.de/news/Deutsche-Telekom-steigt-bei-De-Mail-aus-6178394.html#:~:text=Die%20Deutsche%20Telekom%20will%202022,wird%20%22fehlende%20Wirtschaftlichkeit%22%20genannt., zuletzt geprüft am 09.11.2023.
Bundesministerium des Innern und für Heimat (Hg.) (2023): Einer für Alle – Einfach erklärt. Online verfügbar unter https://www.digitale-verwaltung.de/Webs/DV/DE/onlinezugangsgesetz/efa/efa-node.html, zuletzt geprüft am 09.11.2023.
Bundesrechnungshof (Hg.) (2021): De-Mail: Elektronisches Pendant zur Briefpost kostete 6,5 Mio. Euro und wird kaum genutzt. Bemerkungen 2021 Nr. 5. Online verfügbar unter https://www.bun

desrechnungshof.de/SharedDocs/Downloads/DE/Berichte/2021/de-mail-kaum-genutzt-volltext. pdf?__blob=publicationFile&v=1, zuletzt geprüft am 09.11.2023.

Bundesregierung (Hg.) (2001): BundOnline 2005. Umsetzungsplan für die eGovernment-Initiative. Online verfügbar unter https://www.verwaltung-innovativ.de/SharedDocs/Publikationen/Bestellservice/fehlt_zweites_pdf_bundOnline_2005_umsetzungsplan_f%C3%BCr_die_egovernment.pdf;jsessionid=04DCEC034B41318F27A0C4768C879358.2_cid505?__blob=publicationFile&v=1, zuletzt geprüft am 09.11.2023.

Bundesverwaltungsamt (Hg.) (2023): Registerlandkarte. Online verfügbar unter https://www.bva.bund.de/DE/Services/Behoerden/Verwaltungsdienstleistungen/Registermodernisierung/Informationen-Buerger/Registerlandkarte/registerlandkarte_node.html#:~:text=Die%20deutsche%20Verwaltungsdatenlandschaft%20ist%20umfangreich,daher%20eine%20umfangreiche%20Registerlandschaft%20bilden., zuletzt geprüft am 09.11.2023.

Das Erste (Hg.) (2022): Landsberg: Mammutaufgabe OZG unterschätzt. Online verfügbar unter https://www.daserste.de/information/politik-weltgeschehen/morgenmagazin/politik/Gerd-Landsberg-Deutscher-Staedte-und-Gemeindebund-Mammutaufgabe-Oline-Zugangs-Gesetz-unterschaetzt-100.html, zuletzt geprüft am 09.11.2023.

dpa (2023): Das OZG ist kläglich gescheitert. In: *eGovernment Verwaltung Digital*, 02.01.2023. Online verfügbar unter https://www.egovernment.de/das-ozg-ist-klaeglich-gescheitert-a-9291e91cf74fb7f5321400a9c26ae7fa/, zuletzt geprüft am 09.11.2023.

Piesold, R.-R. (2021): Kommunales E-Government. Grundlagen und Bausteine zur Digitalisierung von Verwaltungen. 1. Aufl. 2021. Berlin, Heidelberg: Springer Berlin Heidelberg. Online verfügbar unter http://nbn-resolving.org/urn:nbn:de:bsz:31-epflicht-1878860.

Stocksmeier, D.; Hunnius, S. (2018): OZG-Umsetzungskatalog. Digitale Verwaltugnsleistungen im Sinne des Onlinezugangsgesetzes. Hg. v.]init[AG im Auftrag des Bundesministeriums des Innern, für Bau und Heimat.

Vertrag zur Ausführung von Artikel 91c GG (GGArt91cVtr), vom 20.11.2009: Vertrag über die Errichtung des IT-Planungsrats und über die Grundlagen der Zusammenarbeit beim Einsatz der Informationstechnologie in den Verwaltungen von Bund und Ländern – Vertrag zur Ausführung von Artikel 91c GG (Anlage des Gesetzes zum Vertrag über die Errichtung des IT-Planungsrats und über die Grundlagen der Zusammenarbeit beim Einsatz der Informationstechnologie in den Verwaltungen von Bund und Ländern – Vertrag zur Ausführung von Artikel 91c GG) (IT-Staatsvertrag). Online verfügbar unter https://www.gesetze-im-internet.de/ggart91cvtr/BJNR066300010.html.

Wilkens, Andreas (2005): Bundesregierung sieht Initiative „BundOnline 2005" am Ziel. In: *heise.de*, 29.05.2005. Online verfügbar unter https://www.heise.de/news/Bundesregierung-sieht-Initiative-BundOnline-2005-am-Ziel-126357.html, zuletzt geprüft am 09.11.2023.

Wittstock, Uli (2022): Die große Panne: Warum das Online-Zugangsgesetz gescheitert ist. In: *MDR Aktuell*, 28.12.2022. Online verfügbar unter https://www.mdr.de/nachrichten/sachsen-anhalt/online-zugangsgesetz-gescheitert-100.html, zuletzt geprüft am 09.11.2023.

Teil II
E-Government in der Praxis

Standards 4

In diesem Kapitel werden Standards in der öffentlichen Verwaltung besprochen. Wie das Deutsche Institut für Normung (DIN) in seinem Whitepaper festgestellt hat, tragen Standards dazu bei, dass die Digitalisierung gelingt. Die DIN hebt die in Kap. 2 beschriebenen X-Standards als positives Beispiel hervor. (Deutsches Institut für Normung (DIN) 2023) Fehlende Standards haben sich in der Vergangenheit als ein Hemmnis für die Digitalisierung der Verwaltung herausgestellt. Unter Anderem bedingt durch den Föderalismus, der in vielen Bereichen der Verwaltung eine Zuständigkeit auf Landes- oder kommunaler Ebene festlegt, gibt es in Deutschland für dieselben Aufgaben von unterschiedlichen Ländern unterschiedliche IT-Lösungen (siehe z. B. die E-Akte wie in Abschn. 5.5 dargestellt). Dies führt zu einer sehr heterogenen IT-Landschaft innerhalb der Kommunen und den Ländern. Als weiterer Nachteil erwächst daraus, wenn diese Systeme an weitere zentrale Systeme angebunden werden müssen, dass unterschiedliche Schnittstellen für die unterschiedlichen Systemen in den Kommunen und Ländern angeboten werden müssen, sofern sich nicht Kommunen und Länder übergreifend auf eine standardisierte Schnittstelle geeinigt werden kann.

Durch die Nutzung von Standards und Festlegung einheitlicher Schnittstellen kann hier Abhilfe geschaffen werden. Nur wenn Standards konsequent eingeführt und genutzt werden, kann die Umsetzung des Onlinezugangsgesetzes noch erfolgreich verlaufen.

Es werden verschiedene Formen von Standards vorgestellt. Zum einen werden Leistungsstandards in Abschn. 4.1 besprochen zum anderen auch technische Standards in den Abschn. 4.2 und 4.3.

Das Kapitel schließt mit einer Betrachtung der IT-Architekturen des Bundes in Abschn. 4.5.

4.1 Servicestandard

Im Rahmen der Umsetzung des Onlinezugangsgesetzes (OZG-Umsetzung) haben sich der Bund und die Länder auf einen Servicestandard geeinigt, der eine offizielle Empfehlung zur Digitalisierung darstellt.

Der Servicestandard wurde basierend auf einem Vorschlag des Normenkontrollrates entwickelt und am 25. Juni 2020 veröffentlicht.[1]

Um den definierten Servicestandard weiter zu operationalisieren, wurde ein sogenanntes Sounding Board einberufen. Das Sounding Board ist ein informeller Lenkungsausschuss, der sich aus Beteiligten zusammensetzt.[2] Dem Sounding Board gehören folgende Organisationen an:

- Bundesministerium des Innern und für Heimat
- Nationaler Normenkontrollrat
- Netzwerk „NExT"
- Informationstechnikzentrum Bund
- Fellowship-Programm „Tech4Germany"
- Kommunale Gesellschaft für Verwaltungsmanagement als Verband (KGSt)

Der Servicestandard definiert 19 einheitliche Qualitätsprinzipien. Das oberste Ziel des Servicestandards ist die Nutzerorientierung. Die Digitalisierung der Verwaltung ist nur erfolgreich, wenn die digitalisierten Produkte von den Bürgerinnen und Bürgern auch genutzt werden. Deswegen stehen diese Nutzer und die Nutzerorientierung an erster Stelle.

Der Servicestandard ist gedacht für alle Beteiligten des Bundes und der Länder, die an der OZG-Umsetzung und Digitalisierung mitarbeiten.[3]

4.1.1 Prinzipien des Servicestandards

Die Prinzipien des Servicestandards gliedern sich in die Kategorien Nutzerzentrierung, Vorgehen, Zusammenarbeit, Offenheit, Technischer Betrieb und Wirkungscontrolling[4]: Für jede Kategorie werden Unterkategorien festgelegt, die Konkretisierungen festlegen.

---

[1] Vgl. https://www.onlinezugangsgesetz.de/Webs/OZG/DE/grundlagen/servicestandard/hintergrund/hintergrund-node.html.

[2] Vgl. https://www.onlinezugangsgesetz.de/Webs/OZG/DE/grundlagen/servicestandard/hintergrund/hintergrund-node.html.

[3] Vgl. https://www.onlinezugangsgesetz.de/Webs/OZG/DE/grundlagen/servicestandard/servicestandard-node.html.

[4] Vgl. https://www.onlinezugangsgesetz.de/Webs/OZG/DE/grundlagen/servicestandard/servicestandard-node.html.

Die konkreten Wirkweisen der Kategorien werden nachfolgend weiter vorgestellt.

4.1.2 Nutzerzentrierung

Die Nutzerzentrierung soll dafür Sorge tragen, dass die Nutzenden bei der Digitalisierung von Verwaltungsleistungen im Zentrum stehen. Dafür sollen die Anforderungen der Nutzenden aufgenommen werden. Die Anwendungen sollen einfach und intuitiv genutzt werden können. Als weiteres Prinzip soll auf Barrierefreiheit, Bürgernähe und Genderneutralität geachtet werden. Diese Prinzipien und die einfache und intuitive Nutzung führen dazu, dass die Nutzenden freiwillig umsteigen und nicht weiter den analogen Prozess durchlaufen möchten. Es muss für die Nutzenden ein Gewinn darstellen. Wichtig ist hierbei auch noch, dass sich die Nutzenden nur einmal an dem entsprechenden Verwaltungsportal anmelden müssen (Once-Only-Prinzip), da ansonsten die Hürde zu groß ist, verschiedene Anmeldedaten zu verwalten. Für die Nutzenden ist des Weiteren wichtig, dass der Datenschutzaspekt beachtet wird.

4.1.3 Vorgehen

In der Kategorie Vorgehen ist festgelegt, dass rechtliche Vorgaben der Digitalisierung nicht entgegenstehen sollen. Die Vorgaben sollen bei Bedarf angepasst werden. Das Vorgehen bei der Erstellung der digitalen Angebote soll agil, iterativ und nutzerzentriert sein. Die Angebote sollen über einen Portalverbund aufgerufen werden können.

4.1.4 Zusammenarbeit

Um effizient und effektiv die Angebote zur Verfügung zu stellen, soll eine Ebenen übergreifende und interdisziplinäre Zusammenarbeit etabliert werden. Es sollen Entwicklungsgemeinschaften gebildet werden.

4.1.5 Offenheit

Für die Erstellung von digitalen Angeboten sollen offene Standards genutzt werden. Nach dem Prinzip sollen dann die entwickelten Angebote auch Open Source gestellt werden. Damit soll ermöglicht werden, dass IT-Anwendungen nicht immer neu erstellt werden müssen, sondern weitergenutzt werden können. Einer stellt die Anwendung für alle zur Verfügung (EfA-Prinzip). D. h. für die Erstellenden von Anwendungen, dass auch jeweils immer geprüft werden soll, ob vorhandene Angebote wiederverwendet werden können.

4.1.6 Technischer Betrieb

Im technischen Betrieb soll die Informationssicherheit ein integraler Bestandteil sein. Die Interoperabilität von Komponenten soll durch die Nutzung gemeinsamer Standards, definierte Schnittstellen und kompatible Architekturen[5] gewährleistet werden. Die digitalen Angebote werden hinsichtlich ihrer technischen Modernität evaluiert.

4.1.7 Wirkungscontrolling

Es soll kontrolliert werden, ob die neu geschaffenen Angebote auch genutzt werden und die Nutzerzufriedenheit soll zudem auch evaluiert werden.

4.2 X-Standards

Artikel 91c des Grundgesetzes regelt die Bund-Länder übergreifende Zusammenarbeit mittels informationstechnischer Systeme. Der dazugehörige IT-Staatsvertrag regelt die in Artikel 91c festgelegte Zusammenarbeit (Vertrag zur Ausführung von Artikel 91c GG (GGArt91cVtr), vom 20.11.2009). Hier wird zum einen der IT-Planungsrat eingerichtet und zum anderen gemeinsame Standards geregelt. Mitglieder des IT-Planungsrats sind der Beauftragte der Bundesregierung für Informationstechnik und jeweils ein für Informationstechnik zuständiger Vertreter jedes Landes. Für den Austausch von Daten zwischen Bund und Ländern sollen laut Staatsvertrag gemeinsame Standards eingerichtet werden. Zur Unterstützung dieser Aufgabe wurde die Koordinierungsstelle für IT-Standards (KoSIT) gegründet. In der Folge wurden die XÖV-Standards entwickelt. Diese sind Spezifikationen zum Datenaustausch in der öffentlichen Verwaltung und zwischen der öffentlichen Verwaltung und weiteren Organisationen.

Die XÖV-Standards basieren auf dem XML-Format[6], die Umsetzung erfolgt mittels UML-Diagrammen[7]. Neue Standards werden von der Zertifizierungsstelle beim Informationstechnikzentrum Bund (ITZBund) qualitätsgesichert. Kernelement der XÖV-Standards ist die Wiederverwendung. Sind Lösungen schon vorhanden, sollen diese wieder genutzt werden. Dies wird durch den im Folgenden beschriebenen Prozess unterstützt.

---

[5] Architekturen für IT-Anwendungen sind Vorgaben, nach denen diese gebaut werden.
[6] Das XML-Format ist eine Sprache zur Darstellung hierarchisch strukturierter Daten.
[7] Mithilfe von UML-Diagrammen kann die die Funktionalität und der Aufbau von Software- und anderen Systemen grafisch dokumentiert werden.

4.2 X-Standards

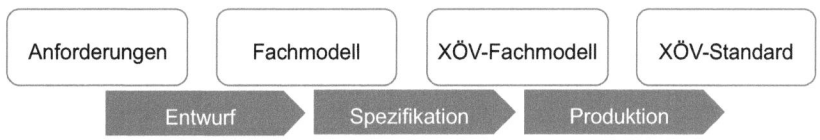

Abb. 4.1 Entwicklung eines XÖV-Standards (eigene Darstellung)

4.2.1 Entwicklung eines XÖV-Standards

Um einen XÖV-Standard zu entwickeln, wird der in Abb. 4.1 dargestellte Prozess durchlaufen (Koordinierungsstelle für IT-Standards 2021).

In einem ersten Schritt werden die fachlichen Anforderungen an die geplanten zu übermittelnden Daten aufgenommen. Diese fließen in das im Entwurf zu erstellende Fachmodell ein. Das Fachmodell ist in einheitlicher Notation mittels Anwendungsfall-, Aktivitäts- und Klassendiagramme beschrieben. Das Fachmodell wird in UML modelliert. Damit hat man dann eine Übersicht, was und wie die umzusetzende Aufgabe IT-technisch umgesetzt werden soll. UML-Diagramme stellen dabei aber erstmal eine grobe Übersicht her. In der Phase der Spezifikation wird das Fachmodell zu einem XÖV-Fachmodell, indem spezifische Details der XÖV-Standards hinzugefügt werden. Das heißt in Erweiterung zum Fachmodell werden hier dann weitere technische Details (der XÖV-Standards) hinzugefügt. Danach wird in der Phase der Produktion der XÖV-Standard generiert. Hier wird das XÖV-Fachmodell mit weiteren technischen Details angereichert. Die Generierung des XÖV-Standards erfolgt mittels XGenerator. Der XGenerator überprüft zuerst das XÖV-Fachmodell auf XÖV-Konformität und wandelt dann automatisiert das XÖV-Fachmodell in die XML Schema-Definition des XÖV-Standards. Zusätzlich wird eine Dokumentation und Codelisten erstellt. (Koordinierungsstelle für IT-Standards 2021)

4.2.2 XÖV-Standardisierungsrahmen

Der in Abb. 4.1 dargestellte Prozess wird durch den XÖV-Standardisierungsrahmen begleitet. Er stellt die praktische Umsetzung dar. Der Standardisierungsrahmen besteht aus den in Abb. 4.2 dargestellten Komponenten. Diese Komponenten ermöglichen es eine standardisierte Anwendung zu entwickeln. Der Standardisierungsrahmen gibt dafür Regelungen, Werkzeuge, Bausteine und Infrastruktur vor. Diese werden im Folgenden erläutert.

4.2.2.1 Regelungen
Ein wichtiges Element der XÖV-Standards ist die Wiederverwendbarkeit. Die Regelungen sollen hauptsächlich die Möglichkeit der Wiederverwendbarkeit sicherstellen. Dafür gibt es einmal die XÖV-Konformitätskriterien. Diese regeln das grundsätzliche Vorgehen für

Regelungen	Werkzeuge	Bausteine	Infrastruktur
• XÖV-Konformitätskriterien • XÖV-Namens- und Entwurfsregeln	• Interopmatrix • XÖVC-Profil • XGenerator	• XÖV-Datentypen • XÖV-Kernkomponenten • XÖV-Codelisten	• XÖV-Bibliothek • XRepository

Abb. 4.2 Komponenten des XÖV-Standardisierungsrahmen (eigene Darstellung)

die Standards. Als zweites Element kommen noch die XÖV-Namens und -Entwurfsregeln dazu. Diese machen Vorgaben zur technischen Ausgestaltung der Standards. Sowohl für die Konformitätskriterien als auch die Namens- und Entwurfsregeln gibt es SOLL- und MUSS-Verbindlichkeitsstufen. (Koordinierungsstelle für IT-Standards 2021)

Die XÖV-Konformitätskriterien bestehen aus den vier Bereichen:

- Bereitstellungspflichten,
- Auskunftspflichten der Standardentwickler und -betreiber,
- Wiederverwendung der XÖV-Bausteine und
- technische Kriterien.

Unter den Bereitstellungspflichten wird unter Anderem geregelt, dass Eigentümerin der Standards die öffentliche Verwaltung ist, dass die Standards frei verwendet werden dürfen und über das X-Repository[8] veröffentlicht werden. Hier wird also verbindlich geregelt, dass die Standards wiederverwendet werden können.

Unter den Auskunftspflichten wird geregelt, dass vor bzw. im Zeitraum der Entwicklung und der Pflege des Standards jederzeit über den aktuellen Stand Informationen bereitgestellt werden müssen.

In den ersten beiden Bereichen finden sich ausschließlich MUSS-Kriterien. Im Bereich Wiederverwendung der XÖV-Bausteine sind nur SOLL-Kriterien zu finden. Hier wird geregelt, dass schon vorhandene Bausteine, Datentypen und Codelisten wiederverwendet werden sollen.

Die technischen Kriterien beinhalten sowohl MUSS- als auch SOLL-Kriterien. Hier wird unter Anderem geregelt, dass Prozesse in UML modelliert werden sollen und Datentypen in UML modelliert werden müssen und XÖV-Namens und Entwurfsregeln (Kategorie Regelungen) eingehalten werden müssen. (Koordinierungsstelle für IT-Standards 2021)

Diese Konformitätskriterien und die Namens- und Entwurfsregeln werden vom ITZ-Bund überprüft. Das Zertifikat wird auf Basis des Prüfberichts von der KoSIT ausgestellt. (Koordinierungsstelle für IT-Standards 2021)

---

[8] Ein Repository ist eine digitale Ablage, die zentral liegt und von verschiedenen Entwicklerinnen und Entwicklern genutzt werden kann.

4.2 X-Standards

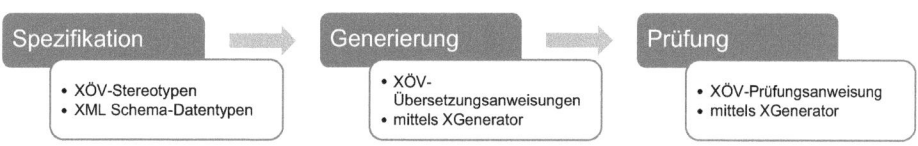

Abb. 4.3 XÖV-Profil (eigene Darstellung)

4.2.2.2 Werkzeuge

Als erstes Werkzeug zur Erstellung eines Standards sollte die Interopmatrix[9] gesichtet werden. In der Interopmatrix sind alle X-Standards sowie die Kernkomponenten aufgeführt. Für jeden X-Standard ist vermerkt, welche Kernkomponente und hier auch welche Elemente der jeweiligen Kernkomponenten verwendet werden. (Koordinierungsstelle für IT-Standards 2021)

Als weiteres Werkzeug steht das XÖV-Profil zur Verfügung. Mittels des XÖV-Profils wird das Fachmodell in ein XÖV-Fachmodell überführt. Als Input für die Erstellung eines XÖV-Fachmodells wird das Modell im XML-Format benötigt. Mithilfe des XÖV-Profils wird das Fachmodell in einem ersten Schritt mit XML-Informationen angereichert. Dies stellt die Spezifikation dar. Für die Spezifikation können XÖV-Stereotypen und XML Schema-Datentypen genutzt werden. Durch Export wird aus dem UML-Fachmodell ein XML-Modell erzeugt. Das XÖV-Profil beinhaltet neben der Spezifikation noch Bestandteile zur Generierung und Prüfung eines XÖV-Fachmodells (siehe Abb. 4.3). Für die Generierung eines Standards werden dann mithilfe von XÖV-Übersetzungsanweisungen die Bestandteile mit dem XGenerator erzeugt. Die Prüfung erfolgt ebenfalls mittels XGenerator und zugehören XÖV-Prüfanweisungen. (Koordinierungsstelle für IT-Standards 2021)

4.2.2.3 Bausteine

Es werden wiederverwendbare Bausteine zur Verfügung gestellt. Diese sollen unter Anderem dafür sorgen, dass die damit entwickelten XÖV-Modelle möglichst standardisiert und interoperabel sind. XÖV-Datentypen liegen im XML-Format vor und können direkt in die XÖV-Standards eingebunden werden. XÖV-Kernkomponenten sind Datenstrukturen, die fachübergreifend sind. Beispiele für Kernkomponenten sind die Komponenten „Anschrift", „Ausweisdokument", „Behörde" und „Staatsangehörigkeit". XÖV-Codelisten sind Codes und deren Beschreibung. Beispielsweise ist die Liste der Flughafencodes als Codeliste hinterlegt. Der Flughafen München wird z. B.: durch den Code „MUC" und die Beschreibung „München / Franz Josef Strauß" vermerkt. (Koordinierungsstelle für IT-Standards 2021)

---

[9] Siehe https://www.xrepository.de/interopmatrix.html.

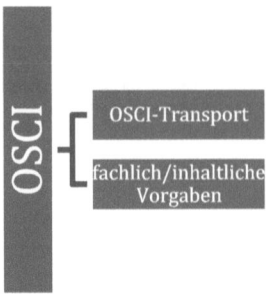

Abb. 4.4 Bestandteile von OSCI (eigene Darstellung)

4.2.2.4 Infrastruktur

Der XÖV-Standardisierungsrahmen wird mittels einer Infrastruktur zur Verfügung gestellt. Dazu gehören das XRepository[10] und die XÖV-Bibliothek. Im XRepository sind alle für XÖV-Standards relevanten Artefakte hinterlegt. Das XRepository ist manuell sowie über eine REST-Schnittstelle erreichbar. Die oben genannte Interopmatrix ist ein wichtiger Bestandteil und Einstiegspunkt in das XRepository. Die XÖV-Bibliothek enthält alle XÖV-Datentypen und -Kernkomponenten als UML-Modell. (Koordinierungsstelle für IT-Standards 2021)

4.3   OSCI und XTA

Für die Übermittlung von Daten im Bereich der öffentlichen Verwaltung werden die standardisierten Verfahren OSCI und XTA verwendet.

Für die Abgrenzung von OSCI und XTA siehe Abb. 4.5. OSCI ist ein Transportverfahren, das für die sichere, vertrauliche und rechtsverbindliche Kommunikation über unsichere und sichere Netze genutzt wird. XTA regelt den Nachrichtenaustausch zwischen Fach- und Transportverfahren.

OSCI steht für Online Service Computer Interface. OSCI besteht aus zwei Teilen. Einmal aus dem Teil OSCI-Transport und dann noch aus fachlich/inhaltlichen Vorgaben. Siehe Abb. 4.4. OSCI-Transport ist ein Standard, der Vorgaben macht, wie Daten innerhalb der Verwaltung elektronisch ausgetauscht werden. Folgende Merkmale zeichnen OSCI-Transport aus:

- Verwendung von offenen Standards,
- Technikunabhängigkeit,
- Skalierbarkeit der Sicherheitsniveaus. (Koordinierungsstelle für IT-Standards 2020)

---

[10] Siehe https://www.xrepository.de/

4.3 OSCI und XTA

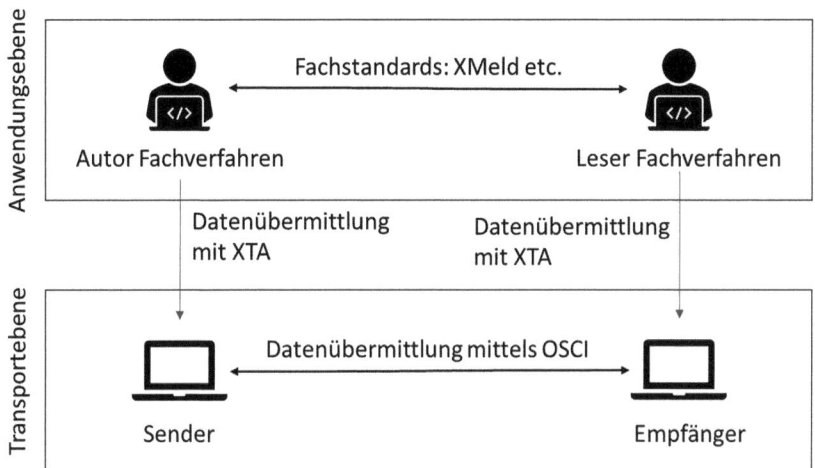

Abb. 4.5 OSCI und XTA (eigene Darstellung)

Der Standard basiert auf XML und SOAP[11]. Die Daten können mittels unterschiedlicher Signaturstufen signiert werden, sodass sie auch signaturgesetzkonform sind. Des Weiteren werden Verschlüsselungsmechanismen angeboten.

4.3.1 Inhalts- und Nutzungsdaten des OSCI-Transport-Verfahrens

Es gibt zwei verschiedene Arten von Daten, die mittels OSCI transportiert werden. Zum einen die Inhaltsdaten und zum anderen die Nutzungsdaten. Die Inhaltsdaten enthalten die eigentlich zu transportierenden Daten. Zudem kann hier noch die Signatur der Inhaltsdaten hinzugefügt werden. (Koordinierungsstelle für IT-Standards 2002)

Die Nutzungsdaten enthalten alle Informationen, die für den eigentlichen Transport benötigt werden. Dazu gehören z. B. Laufwege, Signaturen und Zertifikate. (Koordinierungsstelle für IT-Standards 2002)

Inhalts- und Nutzungsdaten werden im XML-Format strukturiert. XML steht für Extensible Markup Language. Mit XML können Daten strukturiert aufgeschrieben werden. Das World Wide Web Consortium (W3C) hat eine einheitliche Spezifikation für XML erstellt, die genutzt wird.

Aufbauend auf XML ist SOAP (Simple Object Access Protokoll) ein Transportprotokoll. Dieses wird für die Nutzungsdaten verwendet. Genauso wie XML ist es standardisiert und herstellerunabhängig. Die Inhaltsdaten werden in Inhaltsdatencontainern in diese Daten eingefügt.

---

[11] SOAP ist ein Netzwerkprotokoll zum Austausch von Daten zwischen Systemen.

4.3.2 Beteiligte Instanzen des OSCI-Transport-Verfahrens

Mittels des OSCI-Transport-Verfahrens kommunizieren verschiedene Benutzer miteinander. Die Kommunikation erfolgt in den meisten Fällen nicht direkt sondern über Intermediäre. Dabei kann ein Benutzer auch die Rolle eines Intermediärs annehmen. (Koordinierungsstelle für IT-Standards 2020)

Eine Eigenschaft des Intermediärs ist es, dass Kommunikation asynchron verlaufen kann, da diese beim Intermediär zwischengespeichert wird.

4.3.3 Kommunikationsebenen des OSCI-Transport-Verfahrens

Es gibt drei verschiedene Ebenen, auf denen Informationen mittels OSCI-Transport ausgetauscht werden können:

- Geschäftsvorfallebene: Auf der Geschäftsvorfallebene wird von einem Sender einem oder mehreren Empfängern Inhaltsdaten zur Verfügung gestellt. Hier ist kein Intermediär zwischengeschaltet.
- Auftragsebene: Auf der Auftragsebene wird von einem Client ein Auftrag an einen Supplier gerichtet. Der Supplier muss diesen Auftrag ausführen und antworten. Die Kommunikation erfolgt über einen Intermediär.
- Nachrichtenebene: Auf der Nachrichtenebene werden Nachrichten zwischen Sender und Empfänger ausgetauscht. Auch dies geschieht mittels Intermediär. (Koordinierungsstelle für IT-Standards 2020; RVOrgG., vom 09.12.2004)

4.3.4 Sicherheitsmerkmale

OSCI-Transport stellt verschiedene Sicherheitsmerkmale zur Verfügung. Die wichtigsten sind die Verschlüsselung sowie die Signaturen.

Nach dem IT-Grundschutz-Kompendium gibt es drei Grundwerte der Informationssicherheit:

- Vertraulichkeit,
- Verfügbarkeit und
- Integrität (IT-Grundschutz-Kompendium 2022).

Unter Vertraulichkeit wird bezeichnet, dass Informationen nur für Benutzer einsehbar sind, für die sie bestimmt sind. Die Verfügbarkeit stellt sicher, dass Informationen zu den vorgegebenen Zeiten zur Verfügung stehen. Die Integrität von Daten bezeichnet, dass Daten korrekt vorliegen und nicht fälschlicherweise geändert werden.

4.3 OSCI und XTA

4.3.4.1 Verschlüsselung

Mittels Verschlüsselung wird sichergestellt, dass die Vertraulichkeit der Daten nicht beeinträchtigt wird. Die Daten können nur von demjenigen eingesehen (entschlüsselt) werden, der über die Entschlüsselungswerkzeuge verfügt.

Symmetrische Verschlüsselung

Es gibt symmetrische und asymmetrische Verschlüsselungsverfahren. Bei den symmetrischen Verschlüsselungsverfahren wird zum Ver- und Entschlüsseln derselbe Schlüssel verwendet. Auf die zu verschlüsselnden Daten wird eine Verschlüsselungsfunktion angewandt. Diese benötigt als weiteren Input einen Schlüssel. Um die so verschlüsselten Daten wieder zu entschlüsseln, wird die Funktion rückwärts angewandt. Damit nur Berechtigte Entschlüsseln können, ist es wichtig, dass der Schlüssel geheim bleibt und nur Berechtigte in den Besitz des Schlüssels kommen. Siehe Abb. 4.6.

Asymmetrische Verschlüsselung

Bei den asymmetrischen Verschlüsselungsverfahren besitzt jeder, der verschlüsselte Nachrichten empfangen möchte, einen öffentlichen Schlüssel. Wenn ein Sender eine Nachricht an einen Empfänger schicken möchte, dann verschlüsselt der Sender die Nachricht mit dem öffentlichen Schlüssel des Empfängers und schickt dem Empfänger die verschlüsselte Nachricht. Zur Entschlüsselung nimmt der Empfänger seinen zum öffentlichen Schlüssel zugehörigen privaten Schlüssel und entschlüsselt mittels Entschlüsselungsfunktion und privatem Schlüssel die Nachricht. Ohne Kenntnis des privaten Schlüssels kann die Nachricht nicht entschlüsselt werden. Öffentlicher und privater Schlüssel bilden zwar ein Paar, aber aus dem öffentlichen Schlüssel kann der private Schlüssel nicht einfach generiert werden. Die asymmetrische Verschlüsselung wird auch als Public-Key-Verfahren bezeichnet. Siehe Abb. 4.7.

Sichere asymmetrische Verfahren basieren auf der Faktorisierung von Primzahlen oder dem diskreten Logarithmus-Problem. Dahinter steckt, dass eine Funktion benötigt wird, deren eine Richtung sehr einfach zu berechnen ist, die andere Richtung aber sehr schwierig. Zwei Primzahlen miteinander zu multiplizieren ist sehr einfach. Aus einer gegebenen

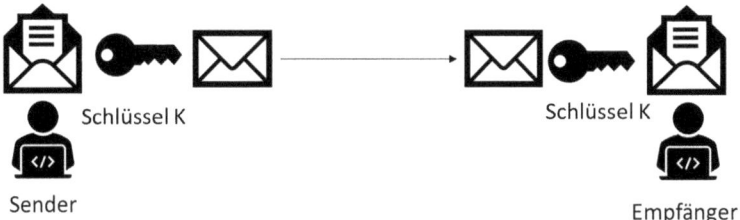

Abb. 4.6 Symmetrische Verschlüsselung (eigene Darstellung)

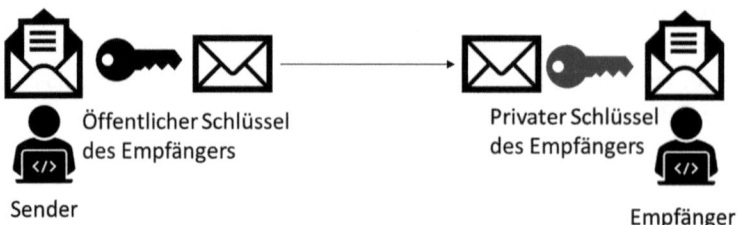

Abb. 4.7 Asymmetrische Verschlüsselung (eigene Darstellung)

Zahl aber die Primfaktoren zu berechnen (jede Zahl kann als Multiplikation von Primzahlen dargestellt werden, die Primfaktorzerlegung), ist in der Informatik schwierig. Dasselbe gilt für den Logarithmus. Nichtsdestotrotz ist dies nicht unmöglich und hängt von der Größe der verwendeten Zahlen und der verwendeten Computer ab. Das heißt asymmetrische Verfahren sind nicht uneingeschränkt sicher gegen nicht gewünschtes Entschlüsseln verschlüsselter Nachrichten.

Hybride Verschlüsselung
Es gibt symmetrische Verfahren, die sicherer gegenüber dem Brechen der Verschlüsselung sind als die asymmetrischen Verfahren. Deswegen werden im allgemeinen symmetrische Verfahren bevorzugt. Hier besteht allerdings die Problematik, dass der gemeinsame geheime Schlüssel zwischen Sender und Empfänger ausgetauscht werden muss. Für diesen Austausch kann ein asymmetrisches Verfahren genutzt werden. Die so beschriebene Kombination von asymmetrischen Verfahren für den Schlüsselaustausch und der eigentlichen Verschlüsselung mittels symmetrischem Verfahren wird als hybrides Verschlüsselungsverfahren bezeichnet.

Beim OSCI-Transport-Verfahren kommt als Verschlüsselungsverfahren ein solches hybrides Verschlüsselungsverfahren zum Einsatz. Die eigentlichen Nachrichten werden mithilfe eines symmetrischen Verfahrens verschlüsselt. Hier stellt OSCI die DES- und AES-Verschlüsselung zur Verfügung. Der Schlüsselaustausch findet mit einem asymmetrischen Verfahren statt. Hier wird das AES-Verfahren genutzt. (Koordinierungsstelle für IT-Standards 2020)

Je nach Vertraulichkeit können nur die Inhaltsdaten verschlüsselt werden, sodass nur der Empfänger sie entschlüsseln kann oder auch die Nutzungsdaten. Die Nutzungsdaten werden dann vom Intermediär entschlüsselt, da dieser die Nutzungsdaten für die weitere Kommunikation benötigt. (Koordinierungsstelle für IT-Standards 2002)

4.3.4.2 Signaturen
Signaturen übernehmen zwei Funktionen. Zum einen können sie die Integrität von Daten sicherstellen. Zum anderen können sie die Authentizität der beteiligten Akteure sicherstellen. Um die Integrität mittels Signaturen zu gewährleisten, werden folgende

4.3 OSCI und XTA

Schritte durchgeführt. Zuerst wird der Hashwert der zu signierenden Daten berechnet. Ein Hashwert oder eine Hashfunktion ist eine mathematische Funktion, die einer Menge von Zeichen einen eindeutigen Wert zuordnet. Aus dem Wert können die Eingabezeichen nicht berechnet werden. Verändert man die Eingabezeichen kommt ein anderer Hashwert raus. Aus dem eindeutigen Hashwert kann man die ursprünglichen Daten nicht berechnen. Es handelt sich um eine sogenannte Einwegfunktion. Der so erhaltene Hashwert wird mit dem RSA-Algorithmus verschlüsselt. Der Empfänger kann somit nachprüfen, ob die Daten verändert wurden. Dafür berechnet der Empfänger für die erhaltenen Daten den Hashwert und gleicht ihn mit dem erhaltenen Hashwert ab. Ist er identisch, dann sind die Daten nicht verändert worden. Die Integrität ist also gewährleistet.

Um die Authentizität mittels Signaturen sicherzustellen, wird beim RSA-Algorithmus zur Verschlüsselung des Hashwerts der private Schlüssel des Senders verwendet. Der Empfänger entschlüsselt den Hashwert mithilfe des öffentlichen Schlüssels des Empfängers. Nach dem Abgleich der Hashwert kann somit nicht nur die Integrität überprüft werden, sondern auch, dass der Hashwert vom angegebenen Sender kommt, da nur dieser über den privaten Schlüssel verfügt. D. h. die Authentizität ist gewährleistet. Zudem kann der Sender auch nicht abstreiten, dass die Nachricht von ihm kommt (Nicht-Abstreitbarkeit).

Es können sowohl die Inhalts- als auch die Nutzungsdaten signiert werden.

Bei dem so beschriebenen Verfahren ist es von entscheidender Bedeutung, wie die öffentlichen und privaten Schlüssel den Nutzern zugeordnet werden. Um die Authentizität sicherzustellen, muss der öffentliche Schlüssel „sicher" dem Benutzer zugeordnet werden, der er vorgibt zu sein. Hier gibt es verschiedene Stufen. Basis ist die Verordnung (EU) Nr. 910/2014 über elektronische Identifizierung und Vertrauensdienste für elektronische Transaktionen im Binnenmarkt (eIDAS-Verordnung). Die eIDAS-Verordnung unterscheidet drei Arten von Signaturen:

- Elektronische Signatur: Eine elektronische Signatur sind Daten, die zu anderen Daten hinzugefügt werden, um diese zu unterzeichnen.
- Fortgeschrittene elektronische Signaturen: Eine fortgeschrittene elektronische Signatur ist eine elektronische Signatur, bei der die Signatur exklusiv dem Inhaber der Signaturschlüssels zugeordnet ist und der Inhaber identifiziert werden muss. Zusätzlich muss eine nachträgliche Änderung der Daten, mit denen die Signatur verknüpft ist, nicht möglich sein.
- Qualifizierte elektronische Signatur: In Ergänzung zur fortgeschrittenen elektronischen Signatur wird bei der qualifizierten elektronischen Signatur die Signatur von einer qualifizierten elektronischen Signaturerstellungseinheit erzeugt und beruht auf einem qualifizierten Zertifikat für elektronische Signaturen.[12]

---

[12] Vgl. Art. 3 eIDACS-Verordnung.

Für eine fortgeschrittene elektronische Signatur reichen beispielsweise Signaturen, die auf dem Programm Pretty Good Privacy (PGP) basieren. Da bei der fortgeschrittenen elektronischen Signatur nicht zweifelsfrei feststeht, wer Inhaber der Signatur ist, genügt die fortgeschrittene elektronische Signatur nicht der Schriftformerforderniss. D. h. im Rechtsverkehr wird diese Signatur nicht der Schriftform gleichgesetzt. Bei der qualifiizierten elektronischen Signatur wird das Zertifikat von einem Dritten ausgestellt. Dieser überprüft die Identität der Signaturinhaberin bzw. des Signaturinhabers. In der eIDAS-Verordnung werden weitere Anforderungen an den Dritten, die Signaturerstellungseinheit gestellt, damit die Identität des Signaturinhabers von einer dafür qualifizierten Stelle bestätigt wird. Folgende Kriterien muss nach Anhang II der eIDAS-Verordnung erfüllt sein:

- Die Vertraulichkeit der Signaturerstellungsdaten muss gewährleistet sein.
- Die Signaturerstellungsdaten dürfen nur einmal verwendet werden.
- Die Signaturerstellungsdaten dürfen mit hinreichender Sicherheit nicht abgeleitet und nicht gefälscht werden können.
- Die Signaturerstellungsdaten müssen vor einer Verwendung durch nicht Befugte geschützt werden.

Damit gilt dann Artikel 25 Absatz 2 der eIDAS-Verordnung:

„Eine qualifizierte elektronische Signatur hat die gleiche Rechtswirkung wie eine handschriftliche Unterschrift."

OSCI bietet alle drei Arten von Signaturen an (Koordinierungsstelle für IT-Standards 2002). Damit wird die Rechtsverbindlichkeit der Kommunikation mittels OSC gewährleistet.

Für eine genauere Erläuterung der technischen Hintergründe zu Verschlüsselungsverfahren, Hashwerten und Signaturen siehe Wollinger und Schulze (Wollinger und Schulze 2020)

4.3.5 XTA

Wie oben schon genannt, spezifiziert XTA den Austausch von Nachrichten zwischen Fach- und Transportverfahren. Die Nachrichten werden mittels HTTP übertragen. HTTP ist ebenfalls ein Transportprotokoll für die Übertragung von Nachrichten im World Wide Web. Es wird eine einheitliche Webservice-Schnittstelle zur Verfügung gestellt.

4.4 Standards der Föderalen IT-Kooperation (FITKO)

Die Föderale IT-Kooperation (FITKO) wurde im Jahr 2020 vom IT-Planungsrat eingerichtet. Sie ist eine eigenständige Anstalt des öffentlichen Rechts in Trägerschaft aller Länder und des Bundes.[13] Die FITKO bietet im Rahmen von Standards eine Reihe von Produkten an.

4.4.1 Föderales Informationsmanagement (FIM)

Das Föderale Informationsmanagement (FIM) liefert standardisierte Informationen für Verwaltungsleistungen. Dafür wird ein Baukastensystem zur Verfügung gestellt. Es gibt Bausteine zu den folgenden Bereichen:

- Leistungen
- Datenfelder
- Prozesse

Ergänzt wird dies durch ein FIM-Redaktionskonzept, FIM-Logik und FIM-Werkzeuge. Aus den Bausteinen wird der FIM-Baukasten und die FIM-Bibliothek zusammengestellt.

Im FIM-Redaktionskonzept werden Stamminformationen auf gesetzlicher Grundlage erstellt. Dazu gehören Stammtexte, Stammdatenschemata und Stammprozesse.

Für die Bausteine Leistungen, Datenfelder und Prozesse wird auf die XÖV-Standards gesetzt. Es gibt einen Standard XZuFi für den Baustein Leistungen, XDatenfelder für den Baustein Datenfelder und XProzess für den Baustein Prozesse.[14]

Mithilfe dieser Vorgaben können Verwaltungsleistungen standardisiert beschrieben werden.

4.4.2 FIT-Connect

Mithilfe von FIT-Connect wird eine maschinenlesbare Kommunikation zwischen Antragstellenden und Behörden zur Verfügung gestellt. Dafür stellt FIT-Connect eine Infrastruktur zur Verfügung, die Anträge über eine einheitliche Schnittstelle (API) bei einer Behörde einreicht.[15]

---

[13] Vgl. https://www.fitko.de/ueber-uns/wer-wir-sind.
[14] Vgl. https://fimportal.de/
[15] Vgl. https://docs.fitko.de/fit-connect/docs.

4.5 IT-Architekturen des Bundes

Im Rahmen der IT-Konsolidierung Bund und dem Betrieb der IT-Infrastrukturen bei zentralen Dienstleistern wurde eine gemeinschaftliche Gesamtarchitektur festgelegt. Auf oberster Ebene wird eine Gesamtsicht auf die IT des Bundes festgelegt. Diese besteht aus den IT-Dienstleistern des Bundes, einem technischen Modell, einem Dienstemodell der IT und den Nutzenden (Der Beauftragte der Bundesregierung für Informationstechnik 2020). Siehe auch Abb. 4.8.

In einem Schichtenmodell wird die Modellsicht dargestellt. Hier sind die Schichten aufgeteilt nach Infrastrukturdiensten, Basisdiensten, Fach- und Querschnittsdiensten. Sie beschreiben die funktionale Architektur (Der Beauftragte der Bundesregierung für Informationstechnik 2020). In einer Funktionssicht ist eine Dienstelandkarte mit einer Unterteilung nach Dienstedomänen dargestellt. Es werden die Domänen „Elektronische Verwaltungsarbeit (EVA)", „E-Government (EGOV)", „Enterprise Resource Planning (ERP)" und „Infrastruktur (INF)" definiert (Der Beauftragte der Bundesregierung für Informationstechnik 2020). Den Dienstedomänen werden folgende Referenzarchitekturen zugeordnet, die die Umsetzungssicht darlegen (Der Beauftragte der Bundesregierung für Informationstechnik 2020):

- Elektronische Verwaltungsarbeit
    - Akten- und Lebenszyklusmanagement
    - Zusammenarbeit
    - Normsetzung
    - Wissensmanagement

Abb. 4.8 IT des Bundes (eigene Darstellung)

4.5 IT-Architekturen des Bundes

- E-Government:
  - E-Demokratie
  - Portale und Integration
  - Multi-Kanal und Transaktionen
- Enterprise Ressource Planning:
  - Haushalt, Steuerung und Information
  - Personal
  - Logistik
  - Förderverwaltung
- Infrastruktur:
  - IT-Betrieb
  - Behördenkommunikation
  - Zugriffssteuerung
  - Entwicklung

Genauere Informationen zu den Domänen finden sich in (Der Beauftragte der Bundesregierung für Informationstechnik 2019).

Die Architekturrichtlinie soll dazu beitragen, dass die strategischen und politischen Ziele für die IT der Bundesverwaltung erreicht werden. Diese werden unter Anderem in der IT-Strategie der Bundesverwaltung festgelegt. In den „Technischen Spezifikationen zur

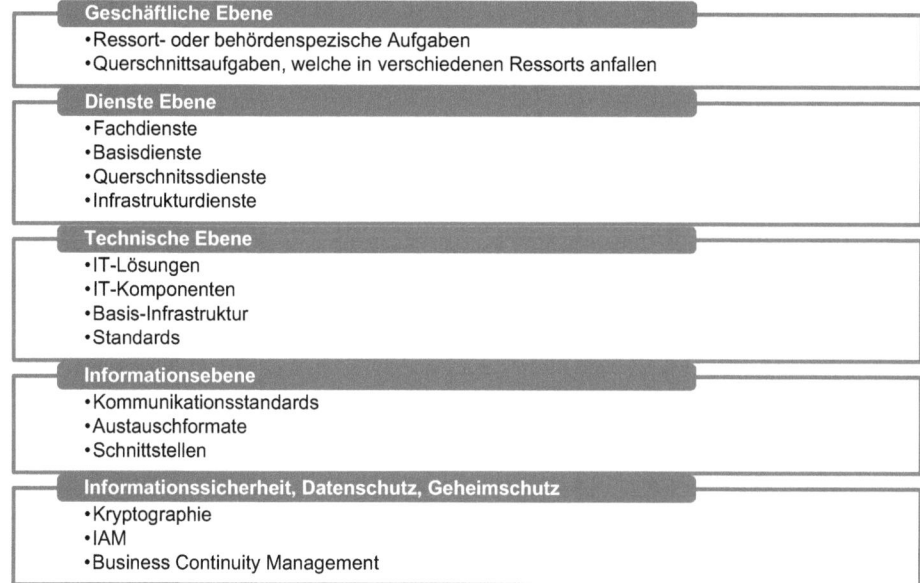

Abb. 4.9 Architekturvorgaben (eigene Darstellung)

Architekturrichtlinie" werden die Vorgaben konkretisiert. (Der Beauftragte der Bundesregierung für Informationstechnik 2022). In der Architekturrichtlinie werden Vorgaben für Architekturen gemacht. Diese sollen das Metamodell „Rahmenarchitektur IT-Steuerung Bund" unterstützen. Für folgende Themenbereiche werden Architekturvorgaben gemacht (Der Beauftragte der Bundesregierung für Informationstechnik 2022):

- Geschäftliche Architekturvorgaben
- Architekturvorgaben für Dienste
- Technische Architekturvorgaben
- Architekturvorgaben für Informationen und Daten
- Architekturvorgaben zur Informationssicherheit, zum Datenschutz und zum Geheimschutz

Siehe auch Abb. 4.9 für eine Konkretisierung der Themenbereiche.

4.6 Modul-F

Modul-F ist eine Plattform, die nach dem Prinzip der Low-Code-Plattoformen funktioniert. Es werden Bausteine zur Verfügung gestellt, die zu IT-Anwendungen zusammengesetzt werden können. Dies kann ohne tiefgehende Programmierkenntnisse erfolgen.

Die Idee ist, dass gewisse Funktionen in den unterschiedlichen Verwaltungsaufgaben benötigt werden. Diese werden innerhalb des Modul-F-Baukastens angeboten und können zu IT-Anwendungen kombiniert werden.[16]

Literatur

Der Beauftragte der Bundesregierung für Informationstechnik (Hg.) (2019): Domänenarchitktur E-Government. Online verfügbar unter https://www.cio.bund.de/SharedDocs/downloads/Webs/CIO/DE/digitaler-wandel/architekturen-standard/e-government.pdf?__blob=publicationFile&v=1.

Der Beauftragte der Bundesregierung für Informationstechnik (Hg.) (2020): Gesamtarchitektur für die Dienstekonsolidierung der IT des Bundes. Online verfügbar unter https://www.cio.bund.de/SharedDocs/downloads/Webs/CIO/DE/digitaler-wandel/architekturen-standard/AM_Gesamtarchitektur.pdf?__blob=publicationFile&v=1.

Der Beauftragte der Bundesregierung für Informationstechnik (Hg.) (2022): Architekturrichtlinie für die IT des Bundes. Version 2022. Online verfügbar unter https://www.cio.bund.de/SharedDocs/downloads/Webs/CIO/DE/digitaler-wandel/architekturen-standard/ArchRL.pdf;jsessionid=E6F8A2F1FE2269C4A5F2152034FC91D2.2_cid322?__blob=publicationFile&v=9.

---

[16] Vgl. https://www.onlinezugangsgesetz.de/Webs/OZG/DE/themen/foederale-architektur/modul-f/modul-f-node.html.

Literatur

Deutsches Institut für Normung (DIN) (Hg.) (2023): Whitepaper Normung und Standardisierung bei der Digitalisierung der öffentlichen Verwaltung. Online verfügbar unter https://www.din.de/resource/blob/892574/d7b5d4241c8a88b35928393663dc02d5/whitepaper-normung-standardisierung-digitalisierung-oeffentliche-verwaltung-data.pdf.

RVOrgG., vom 09.12.2004: Gesetz zur Organisationsreform in der gesetzlichen Rentenversicherung. Online verfügbar unter http://www.bgbl.de/xaver/bgbl/start.xav?startbk=Bundesanzeiger_BGBl&jumpTo=bgbl104s3242.pdf.

IT-Grundschutz-Kompendium (2022). Köln: Reguvis.

Koordinierungsstelle für IT-Standards (Hg.) (2002): OSCI-Transport 1.2 – Entwurfsprinzipien, Sicherheitsziele und -mechanismen -.

Koordinierungsstelle für IT-Standards (Hg.) (2020): OSCI-Transport 1.2 – Spezifikation.

Koordinierungsstelle für IT-Standards (Hg.) (2021): Handbuch zur Entwicklung XÖV-konformer Standards. Version 2.4, Fassung vom 15. Dezember 2021. Online verfügbar unter www.xoev.de/de/xoevhandbuch.

Vertrag zur Ausführung von Artikel 91c GG (GGArt91cVtr), vom 20.11.2009: Vertrag über die Errichtung des IT-Planungsrats und über die Grundlagen der Zusammenarbeit beim Einsatz der Informationstechnologie in den Verwaltungen von Bund und Ländern – Vertrag zur Ausführung von Artikel 91c GG (Anlage des Gesetzes zum Vertrag über die Errichtung des IT-Planungsrats und über die Grundlagen der Zusammenarbeit beim Einsatz der Informationstechnologie in den Verwaltungen von Bund und Ländern – Vertrag zur Ausführung von Artikel 91c GG) (IT-Staatsvertrag). Online verfügbar unter https://www.gesetze-im-internet.de/ggart91cvtr/BJNR066300010.html.

Wollinger, Gina Rosa; Schulze, Anna (Hg.) (2020): Handbuch Cybersecurity für die öffentliche Verwaltung. Kommunal- und Schul-Verlag. Wiesbaden: Kommunal- und Schul-Verlag (KSV Verwaltungspraxis). Online verfügbar unter https://ebookcentral.proquest.com/lib/kxp/detail.action?docID=6421335.

Services/Rahmen für digitale Verwaltungsleistungen

Aktuell hat jede Verwaltung egal ob Kommune, Land oder Bund den Auftrag Verwaltungsleistungen digital anzubieten. Zum großen Teil müssen die Verwaltungen auch Bund-Länder-übergreifend miteinander Daten austauschen. Aus diesem Grund gibt es verschiedenste Initiativen, die diese Zusammenarbeit ermöglichen und möglichst effizient zu gestalten. In diesem Kapitel werden einige Initiativen vorgestellt.

5.1 E-Government Kommune, Land, Bund

Aufgrund des föderalen Systems in Deutschland hat die Digitalisierung Auswirkung auf Kommunen, Länder und den Bund. Auf allen drei Ebenen müssen die Verwaltungsprozesse digitalisiert werde.

5.1.1 Kommune und Land

Auf kommunaler Ebene gibt es verschiedene Umsetzungsformen, wie die IT organisiert ist. Die erste Variante ist, dass die IT in der Kernverwaltung integriert ist. Beispiele hierfür finden sich für die Städte Frankfurt, Stuttgart, Bochum und Bielefeld (Wollinger und Schulze 2020).

Als nächste Variante kann die IT aus der eigentlichen Kernverwaltung rausgelöst werden. Hier gibt es verschiedene Formen, wie dies umgesetzt werden kann. Im Regelfall werden Eigenbetriebe gegründet. Als Beispiele können die Städte München, Dresden und Essen dienen, in denen das so umgesetzt ist (Wollinger und Schulze 2020).

Als weitere Variante kommen überörtliche kommunale Dienstleister in öffentlicher Hand zum Tragen. Ursprung hierfür waren kommunale Rechenzentren (Wollinger und Schulze 2020).

Eine weitere Ausbauform ist die Umsetzung von IT-Organisationen oder Dienstleiester in öffentlicher Hand auf Ebene der Bundeländer. Beispiele hierfür sind der Landesbetrieb IT.NRW oder der Landesbetrieb Daten und Information des Landes Rheinland-Pfalz. Es gibt auch Mischformen aus kommunalen und landesweiten Dienstleistern wie z. B. Dataport AöR (Wollinger und Schulze 2020).

5.1.2 Bund

Im Rahmen der IT-Konsolidierung des Bundes soll bis zum Jahr 2025 die IT des Bundes gebündelt werden. Dabei besteht die IT-Konsolidierung zum einen aus der Betriebskonsolidierung und zum anderen aus der Dienstekonsolidierung. Gebündelt wird der Betrieb bei der BWI, dem ITZBund, der IT des Auswärtigen Amtes, der IT der Bundesagentur für Arbeit und der Deutschen Rentenversicherung. Es soll eine Infrastructure as a Service (IaaS) angeboten werden. Im Rahmen der Dienstekonsolidierung werden für gleichartige Anwendungsfälle einheitliche IT-Lösungen geschaffen.

Im Rahmen der Beschaffungsbündelung werden IT-Beschaffungen über die Zentralstelle für IT-Beschaffungen (ZIB) gebündelt. Hierüber sollen Hard- und Software, Informations- und Kommunikationstechnik und IT-Dienstleistungen beschafft werden.[1]

5.1.3 Verzahnung Kommunen, Länder und Bund

Um die Verzahnung von Kommunen, Ländern und dem Bund für die Digitalisierung der Verwaltung zu verbessern, wurde der IT-Planungsrat eingerichtet. Der IT-Planungsrat ist das zentrale Gremium für die Digitalisierung der Verwaltung. Der IT-Planungsrat koordiniert die Zusammenarbeit zwischen Bund und Ländern.

Der IT-Planungsrat besteht aus folgenden Mitgliedern[2]:

- Stimmberechtigte Mitglieder:
  – Bund: Beauftragte oder Beauftragter der Bundesregierung für Informationstechnik
  – Länder: Jeweils eine oder ein für Informationstechnik zuständige Vertreterin oder zuständiger Vertreter
- Beratende Mitglieder:

---

[1] Vgl. https://www.bmi.bund.de/DE/themen/it-und-digitalpolitik/it-des-bundes/it-konsolidierung/it-konsolidierung-node.htm.

[2] Vgl. https://www.it-planungsrat.de/der-it-planungsrat/zusammensetzung.

- Drei Vertreterinnen oder Vertreter der Gemeinden und Gemeindeverbände, die von den kommunalen Spitzenverbänden auf Bundesebene entsandt werden
- Bundesbeauftragte oder Bundesbeauftragter für den Datenschutz und die Informationsfreiheit
- Vertreterin oder Vertreter aus dem Kreis der Landesdatenschutzbeauftragten
- Präsidentin oder Präsident der FITKO
- Weitere Personen, insbesondere Ansprechpartnerinnen und Ansprechpartner der Fachministerkonferenzen

Nach § 1 des IT-Staatsvertrages übernimmt der IT-Planungsrat die folgenden Aufgaben:

- IT-Koordination: Koordination der Zusammenarbeit zwischen Bund und Ländern
- IT-Standards: Festlegung von IT-Interoperabilitäts- und Sicherheitsstandards
- Digitalisierung der Verwaltung: Koordination bei der Digitalisierung von Verwaltungsleistungen Bund-Länder-übergreifend
- E-Government-Projekte: Steuerung von Projekten und Produktion zur Digitalisierung der Verwaltung
- Verbindungsnetz: Koordinierungsgremium für das Verbindungsnetz zwischen den IT-Netzen von Bund und Ländern

Zur Umsetzung der Beschlüsse des IT-Planungsrates wurde gibt es seit 2020 die FITKO (Föderale IT-Koordination). Die FITKO ist eine eigenständige Anstalt des öffentlichen Rechts in Trägerschaft aller Länder und des Bundes. Folgende Aufgaben hat die FITKO[3]:

- Organisatorische und fachliche Unterstützung des IT-Planungsrates
- Bündelung föderaler Aktivitäten zur Digitalisierung der Verwaltung
- Erarbeitung und Umsetzung der föderalen IT-Strategie
- Konzeption und Weiterentwicklung der föderalen IT-Architektur
- Koordinierung und operative Steuerung der Produkte und Projekte des IT-Planungsrates
- Bewirtschaftung des Digitalisierungsbudgets

5.2 Basisdienste

Im Rahmen der Digitalisierung der Verwaltung gibt es verschiedene zentrale Dienste (Basisdienste), die von Bund, Ländern und Kommunen verwendet werden. Im Folgenden werden zwei vorgestellt.

---

[3] Vgl. https://www.it-planungsrat.de/der-it-planungsrat/aufgaben.

5.2.1 Payment

Für einige Verwaltungsleistungen fallen für Bürgerinnen und Bürger und Unternehmen Gebühren an. Das ITZBund eine elektronische Zahlungsverkehrsplattform an, die sowohl vom Bund als auch den Ländern genutzt werden kann. Die Plattform ePayBL funktioniert wie andere Online-Bezahldienste. Sie erfüllt dabei aber alle Anforderungen an die öffentliche Verwaltung. Es wird eine sichere Verbindung zwischen den Haushaltssystemen des Bundes und der Länder und den Anbietern für Zahlverfahren wie z. B. Kreditkartenanbietern, Banken oder auch PayPal hergestellt. Damit Bund und Ländern ihre Verfahren anschließen können, ist ein Webshop implementiert, über den die Bestellverfahren und Zahlungen abgewickelt werden. Zudem wird eine Schnittstelle angeboten, sodass das Bezahlverfahren direkt in die Anwendungen integriert werden kann.[4]

5.2.2 Legitimation

Damit sich Bürgerinnen und Bürger gegenüber der Verwaltung aber auch gegenüber weiteren Dritten legitimieren können, steht der Personalausweis zur Verfügung. Das Gesetz über Personalausweise und den elektronischen Identitätsnachweis (Personalausweisgesetz – PAuswG) regelt Näheres. § 18 PAuswG regelt den elektronischen Identitätsnachweis. Mithilfe des elektronischen Identitätsnachweises kann man sich sicher im digitalen Raum identifizieren. Die technischen Vorgaben wurden vom Bundesamt für Sicherheit in der Informationstechnik (BSI) in der Technischen Richtlinie TR-03127 spezifiziert (Bundesamt für Sicherheit in der Informationstechnik (BSI) 2021).

Im Personalausweis ist ein Chip integriert. Auf diesem Chip sind kryptographische Protokolle implementiert, die eine sichere Übertragung der Daten ermöglichen. Mithilfe dieser Funktionen kann sich der Ausweisinhaber gegenüber einem Anbieter im Internet authentifizieren, d. h. rechtssicher nachweisen, dass er derjenige ist, der er vorgibt zu sein. Mit Hilfe der auf dem Chip implementierten Signaturanwendung können elektronische Dokumente rechtssicher unterschrieben werden. Das jeweilige Dokument wird mit einer qualifizierten elektronischen Signatur versehen. Nach der eIDAS[5]-Verordnung hat die qualifizierte elektronische Signatur die gleich Rechtswirkung wie eine handschriftliche Unterschrift (Artikel 25 (2) eIDAS-Verordnung).

Um die eID-Funktionen nutzen zu können, müssen diese auf dem Personalausweis aktiviert sein. Um Daten übertragen zu können, muss der Ausweisinhaber zum einen den Ausweis besitzen und zudem noch eine PIN eingeben. Der Ausweisinhaber stellt eine Verbindung zwischen Personalausweis und Smartphone oder Kartenleser her und gibt dann die PIN ein. Damit ist die Zwei-Faktor-Authentifizierung für den elektronischen

---

[4] Vgl. https://www.itzbund.de/DE/itloesungen/standardloesungen/epayment/epayment.html und https://www.epaybl.de/.

[5] eIDAS steht für elektronische Identifizierung, Authentifizierung und Trust Services.

Personalausweis etabliert. Mithilfe des Chips im Personalausweis wird überprüft, ob der Anbieter des Online-Dienstes die Berechtigung hat, die Daten aus dem Personalausweis abzufragen. Daten werden ausschließlich Ende-zu-Ende verschlüsselt übertragen.[6]

Anbieter, die eine Identifikation mittels elektronischem Personalausweis anbieten, werden Diensteanbieter genannt. Die Vergabestelle für Berechtigungszertifikate (VfB) des Bundesverwaltungsamtes (BVA) erteilt die Berechtigungen für Diensteanbieter. Nach Antrag durch den Anbieter und Prüfung durch das BVA erhält der Diensteanbieter vom BVA ein Berechtigungszertifikat und wird mit in die Liste aller erteilten gültigen Berechtigungen aufgenommen.[7]

5.3 BundID

Mit der BundID bietet die Bundesverwaltung ein zentrales Konto für Bürgerinnen und Bürger an. Über dieses Konto sollen Online-Anträge gestellt werden können und in dem dazugehörigen Postfach werden Bescheide und Nachrichten zugestellt.[8]

Auch Länder können bzw. sollen die BundID nutzen. Diverse Länder wie Hessen, Nordrhein-Westfalen, Saarland und Sachsen-Anhalt wechseln zur BundID.[9] Gemäß dem Beschluss des IT-Planungsrats soll die BundID von allen Ländern genutzt werden.

5.4 Bundesportal

Über das Bundesportal bieten Bund und Länder einen zentralen Zugang zu den angebotenen Diensten an. Wie schon mehrfach beschrieben ist dies für die Bürgerinnen und Bürger wichtig, da eine möglichst geringe Hürde zur Nutzung von digitalen Angeboten da sein soll. Aktuell befindet sich das Bundesportal noch im Aufbau.[10]

Eine Anmeldung erfolgt über ein Nutzerkonto BundID.[11]

---

[6] Vgl. https://www.personalausweisportal.de/Webs/PA/DE/buergerinnen-und-buerger/online-ausweisen/online-ausweisen-node.html.
[7] Vgl. https://www.personalausweisportal.de/Webs/PA/DE/wirtschaft/diensteanbieter-werden/diensteanbieter-werden-node.html.
[8] Vgl. https://id.bund.de/de.
[9] Vgl. https://www.onlinezugangsgesetz.de/SharedDocs/kurzmeldungen/Webs/OZG/DE/2022/09_bundid.html.
[10] Vgl. https://verwaltung.bund.de/portal.
[11] Vgl. https://id.bund.de/de.

5.5 E-Akte

Das Onlinezugangsgesetz (OZG) regelt in § 1, dass Bund und Länder ihre Verwaltungsleistungen elektronisch über Verwaltungsportale anzubieten. Diese Verwaltungsportale müssen zudem zu einem Portalverbund verknüpft werden.

Das OZG hat somit Bund und Länder zur Digitalisierung in die Pflicht genommen. Das OZG wurde 2017 in Kraft gesetzt. In der Folge wurden, soweit noch nicht erfolgt sowohl im Bund als auch in den Ländern E-Government-Gesetze erlassen. Diese legen unter anderem auch jeweils fest, dass die Aktenführung elektronisch zu erfolgen hat. Um dies rechts- und revisionssicher umsetzen zu können, muss eine elektronische Aktenführung zur Verfügung stehen.

Mithilfe von E-Akte-Systemen können aktenrelevante Dokumente rechtskonform verwaltet werden. Im Bund müssen dafür 100 Mandanten mit mehr als 150.000 Mitarbeitenden an das zentrale E-Akte-System angebunden werden.[12]

Laut dem Bundesministerium des Innern und für Heimat (BMI) sollen folgende Anforderungen durch ein E-Akte-System erfüllt werden:

- schnelles Auffinden bearbeitungsrelevanter Informationen
- ortsunabhängiger, kontinuierlicher Zugriff auf Informationen
- Wegfall von Medienbrüchen
- schnellere Abwicklung der Prozesse
- verbesserte Transparenz
- automatische Nachweisführung (Revisionssicherheit)
- Unterstützung flexibler Arbeitsweisen
- vereinfachter Austausch von Informationen und Dokumenten
- Wegfall von Papierfluten[13]

Ähnlich zur Lösung im Bund haben auch die Länder basierend auf den gesetzlichen Rahmenbedingungen E-Akte-Lösungen eingeführt.

5.6 Deutsche Verwaltungscloud

Der IT-Planungsrat hat im Jahr 2020 die Arbeitsgruppe „Cloud-Computing und Digitale Souveränität" (AG Cloud) eingerichtet. Die folgenden Ziele soll die AG Cloud erreichen:

1. Schaffung von nachhaltigen Arbeitsstrukturen und Plattform-Verbünden

---

[12] Vgl. https://www.bmi.bund.de/DE/themen/moderne-verwaltung/verwaltungsmodernisierung/e-akte/e-akte-node.html.

[13] Vgl. https://www.bmi.bund.de/DE/themen/moderne-verwaltung/verwaltungsmodernisierung/e-akte/e-akte-node.html.

2. Benennung und Einbindung von Expertinnen und Experten aus Bund, Ländern und Kommunen
3. Schaffung und Strukturierung klarer Kompetenzbereiche
4. Einrichtung von zielgerichteten Abstimmungs- und Kommunikationsstrukturen[14]

Mitglieder der AG Cloud sind Vertreterinnen und Vertreter aus Bund, Ländern und Kommunen.

Im Jahr 2020 wurde dann noch die Deutsche Verwaltungscloud-Strategie des Bundes verabschiedet (Föderale IT-Kooperation (FITKO) 2020).

Hierbei wird „die übergreifende Etablierung und Nutzung von Standards für bestehende föderale Cloud-Lösungen der Öffentlichen Verwaltung [...] im Folgenden als Deutsche Verwaltungscloud-Strategie bezeichnet" (Föderale IT-Kooperation (FITKO) 2020).

Als strategische Ziele werden angegeben:

1. Reduktion von Abhängigkeiten
2. Steigerung der Effizienz und Effektivität in Entwicklung, Inbetriebnahme und Betrieb
3. Sicherstellung und Stärkung von Datenschutz und Informationssicherheit
4. Optimierung von Datenaustausch, -speicherung, und -nutzung zwischen Bund, Ländern und Kommunen (Föderale IT-Kooperation (FITKO) 2020)

Im Jahr 2022 wurde dann das Rahmenwerk der Zielarchitektur für die Deutsche Verwaltungscloud veröffentlicht (Föderale IT-Kooperation (FITKO) 2022). Das Rahmenwerk definiert „gemeinsame Standards für die föderale Cloud-Infrastruktur der öffentlichen Verwaltung" (Föderale IT-Kooperation (FITKO) 2022). Es sollen folgende Mehrwerte für die öffentliche Verwaltung geschaffen werden:

- Einfache Verwaltung von Cloud-Services für die gesamte öffentliche Verwaltung.
- Kompetenzaufbau in der Nutzung von Cloud-Technologien in der öffentlichen Verwaltung.
- Effektive, gemeinsame Nutzung vorhandener Ressourcen innerhalb der öffentlichen Verwaltung.
- Stärkung der Verhandlungsposition durch einheitliches Auftreten in der gesamten öffentlichen Verwaltung.
- Rechtssicherheit bei der Nachnutzung von Software und Erhöhung der Datensouveränität.
- Einheitlich hohes Informationssicherheitsniveau und Erhöhung der Resilienz.
- Unterstützung der OZG-Umsetzung durch Bereitstellung einheitlicher Infrastruktur.

---

[14] Vgl. https://www.it-planungsrat.de/foederale-zusammenarbeit/gremien/ag-cloud-computing-und-digitale-souveraenitaet.

- Herstellung von Wechselmöglichkeit im Multi-Cloud-Kontext. (Föderale IT-Kooperation (FITKO) 2022)

Für die Deutsche Verwaltungscloud sind folgende Eckpunkte vorgesehen:

- Verteilter IT-Betrieb: Nutzer der Deutschen Verwaltungscloud sollen Bund, Länder und Kommunen sein. Es soll nicht eine neue Cloud-Infrastruktur aufgebaut werden, sondern schon vorhandene Angebote für die anderen Nutzenden zur Verfügung gestellt werden. Die Angebote sollen zudem miteinander vernetzt werden. (Föderale IT-Kooperation (FITKO) 2022) Vorteil dieser Strategie ist, dass schon vorhandene Systeme weitergenutzt werden können, dann aber auch anderen zur Verfügung stehen und über die Vernetzung ein Wechsel der Systeme möglich ist.
- Allgemeine Verfügbarkeit von Cloud-Services: Es soll nicht nur die reine Cloud-Infrastruktur für die Nutzenden zur Verfügung gestellt werden, sondern auch die darin angebotenen Services. (Föderale IT-Kooperation (FITKO) 2022) Im Rahmen von Cloud-Infrastrukturen werden drei unterschiedliche Servicemodelle unterschieden:
  - Infrastructure as a Service (IaaS): Unter Infrastructure as a Service (IaaS) versteht man das zur Verfügung stellen der Cloud-Infrastruktur wie Speicher, Server usw. durch den Cloud-Anbieter. Vorteil ist, dass man selber keine Hardware kaufen und warten muss, sondern bedarfsgerecht mieten kann.
  - Platform as a Service (PaaS): Unter Platform as a Servcie (PaaS) versteht man das zur Verfügung stellen einer Plattform durch den Cloud-Anbieter, auf der Anwendungen entwickelt werden können. In dieser Plattform sind Tools für die Entwicklung und Tests schon integriert.
  - Software as a Service (SaaS): Unter Software as a Service (SaaS) versteht man das zur Verfügung stellen von Softwareanwendungen durch den Cloud-Anbieter.

  Innerhalb der Deutschen Verwaltungscloud sollen alle drei Servicemodelle angeboten werden (Föderale IT-Kooperation (FITKO) 2022).
- Einsatz von Open-Source-Software (OSS): Der Einsatz von Open-Source-Software soll priorisiert erfolgen. Durch den Einsatz von OSS soll vermieden werden, dass eine zu große Abhängigkeit von externen Anbietern entsteht und eine größere Nachnutzung erfolgen kann. (Föderale IT-Kooperation (FITKO) 2022)
- Zentrale Verwaltung von Services: Es soll ein zentrales Cloud-Service-Portal zur Verfügung stehen, über das die Services gebucht werden können. Die eigentliche Nutzung der Cloud findet dann ohne den Umweg über das Cloud-Service-Portal statt. (Föderale IT-Kooperation (FITKO) 2022)
- Gemeinsame Weiterentwicklung: Es wird eine gemeinsame Open-Source-Plattform Open CoDE (siehe Abschn. 1.11) eingerichtet, über die gemeinsame Weiterentwicklung von Software erfolgen kann.

5.6 Deutsche Verwaltungscloud

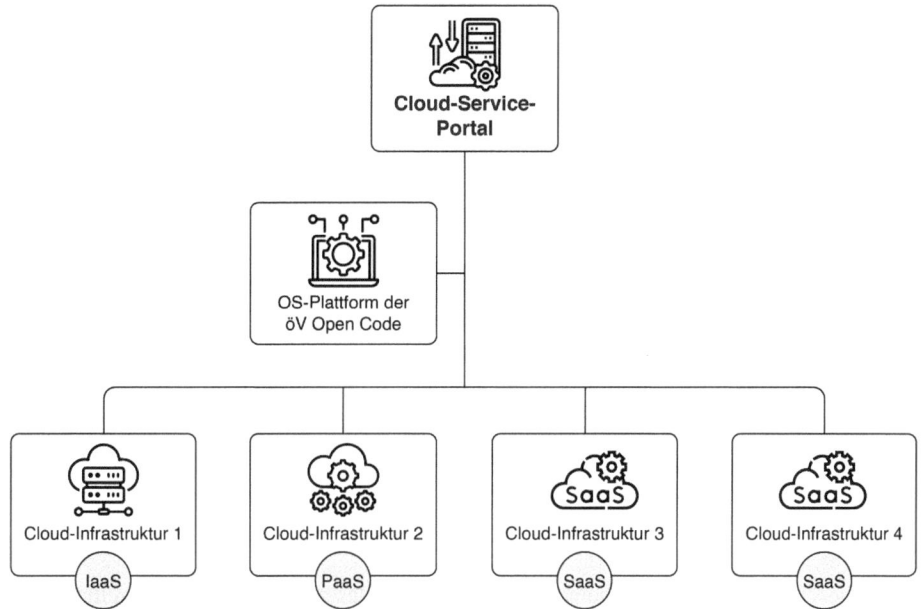

Abb. 5.1 Deutsche Verwaltungscloud (eigene Darstellung)

Zusammenfassend kann gesagt werden, dass die Deutsche Verwaltungscloud vorhandene Cloud-Infrastrukturen bündelt und unter ein Dach bringt. Über das Cloud-Service-Portal können die einzelnen Services gebucht werden. Siehe auch Abb. 5.1 für eine Darstellung, wie in der Praxis die einzelnen Clouds in das Cloud-Service-Portal integriert werden.

Die Deutsche Verwaltungscloud gibt zudem noch Standards für verschiedene Bereiche vor:

- Entwicklung und Entwicklungsplattform
- Anwendungsbereitstellung und -management
- Code Repository
- Infrastruktur-Service und technologischer Stack
- Betriebsstandards und Betriebsmodell
- Einbindung von externen Cloud-Anbietern. (Föderale IT-Kooperation (FITKO) 2022)

5.7 Bundescloud

Die in Abschn. 1.7 vorgestellt Deutsche Verwaltungscloud bündelt Cloud-Angebote aus Bund, Ländern und Kommunen. Eines dieser Cloud-Angebote ist die Bundescloud. Die Bundescloud wird vom Informationstechnikzentrum Bund betrieben. In der Bundescloud werden alle drei Servicemodelle IaaS, PaaS und SaaS angeboten.

Folgende Dienste stehen in der Bundescloud zur Verfügung:

- Bundescloud-Server: Es werden virtuelle Arbeitsumgebungen mit Betriebssystem, Speicher und Netzwerkumgebung zur Verfügung gestellt.
- SIB-Box: Auf Basis von Nextcloud wird eine kollaborativer Speicher zur Verfügung gestellt. Hier können Daten behördenübergreifend ausgetauscht werden.
- PVSplus Schulungssystem: Das im Bund genutzte Personalverwaltungssystem PVSplus steht als Schulungssystem in der Bundescloud zur Verfügung.
- E-Akte Bund: Über die E-Akte Bund wird die elektronische Aktenführung in der Bundesverwaltung realisiert. Dieser Dienst wird über die Bundescloud zur Verfügung gestellt.
- Bundescloud Access Management: Über das Bundescloud Access Management wird ein Web-Single-Sign-On realisiert, sodass alle Anwendungen nur mit einmaliger Anmeldung genutzt werden können.
- Bundescloud Laufzeitumgebung: Über die Bundescloud Laufzeitumgebung wird eine Plattform für Anwendungen und Webservices zur Verfügung gestellt.
- Bundescloud Entwicklungsplattform: Über die Bundescloud Entwicklungsplattform steht eine Plattform mit Tools zur Softwareentwicklung zur Verfügung.
- Bundescloud Projektmanagementplattform: Über die Bundescloud Projektmanagementplattform werden Tools für das (Multi-)Projektmanagement zur Verfügung gestellt. Es ist ebenfalls ein Wissensmanagement zum Projektmanagement etabliert.[15]

5.8 Gaia-X

Gaia-X ist ein europäisches Projekt. Ziel ist es auf internationaler Ebene eine Infrastruktur zum Datenaustausch zur Verfügung zu stellen. Es sollen Wirtschaft, Politik und Wissenschaft zusammenarbeiten. Dabei sollen Unternehmen und auch Bürgerinnen und Bürger partizipieren.

Die Plattform ist dezentral aufgebaut. D. h. ähnlich der Deutschen Verwaltungscloud gibt es individuelle Plattformen, die sich aber an die Gaia-X-Standards halten müssen. Die einzelnen Angebote sind miteinander vernetzt.

Die Organisation von Gaia-X basiert auf drei Säulen:

---

[15] Vgl. https://www.itzbund.de/DE/itloesungen/egovernment/bundescloud/bundescloud.html.

5.8 Gaia-X

- Gaia-X Association,
- Gaia-X Hubs,
- Gaia-X Community.[16]

Diese werden im Folgenden vorgestellt.

5.8.1 Gaia-X Association

Alle Mitglieder sind Teil der Gaia-X Association. Es gibt in Direktorenbord mit einem Vorsitzendem und einem stellvertretenden Vorsitzenden. Für das Tagesgeschäft ist noch ein Managementbord mit einem Chief Executive Officer (CEO), Chief Operating Officer (COO) und einem Chief Technical Officer (CTO) eingerichtet.

Zusätzlich gibt es noch die folgenden Gremien:

- Data Spaces Business Committee,
- Policy Rules Committee,
- Technical Committee.

Innerhalb des Data Spaces Business Committee gibt es unterschiedliche Domänen, die zur Verfügung stehen. Siehe dafür Abb. 5.2.[17]

5.8.2 Gaia-X Hubs

In jedem an Gaia-X teilnehmenden Land soll ein Gaia-X Hub eingerichtet werden. Die Hubs sollen zentrale Anlaufstellen für Interessenten auf nationaler Ebene sein. Hier werden spezielle Nutzeranforderungen gesammelt. Diese werden dann auf internationaler Ebene abgestimmt.[18]

5.8.3 Gaia-X Community

Gaia-X wird getragen von der Community, die ihr Wissen und Expertise einbringt. Über die Kolloborationsplattform, Events, Konferenzen und Webinare wird das Wissen geteilt und verbreitet. Es gibt Arbeitsgruppen und Kommissionen, die sich um die Weiterentwicklung kümmern und die von der Community getragen werden.[19]

---

[16] Vgl. https://www.bmwk.de/Redaktion/DE/Dossier/gaia-x.html.
[17] Vgl. https://gaia-x.eu/who-we-are/association/ (abgerufen 1.2.2024).
[18] Vgl. https://www.bmwk.de/Redaktion/DE/Dossier/gaia-x.html.
[19] Vgl. https://gaia-x.eu/who-we-are/community/

Abb. 5.2 Gaia-X-Ökosysteme. (Quelle: https://gaia-x.eu/who-we-are/association)

5.9 Sovereign Cloud Stack

Der Sovereign Cloud Stack ist ein Netzwerk von Anbietern von Cloud-Infrastruktur. Ziel der Sovereign Cloud Stack ist ein standardisierter Software Stack (also eine Festlegung von zu verwendender Software), der von Cloud-Betreibenden genutzt werden kann. Es werden Open-Source-Komponenten genutzt. Schnittstellen werden standardisiert und erweitert. Nutzende können damit Anbieter übergreifend Services verwenden.

Die Sovereign Cloud Stack ist Teil des Gaia-X-Projektes.[20] Im Rahmenwerk der Zielarchitektur der Deutschen Verwaltungscloud-Strategie wird ebenfalls Bezug auf den Sovereign Cloud Stack genommen (Föderale IT-Kooperation (FITKO) 2022).

5.10 Open CoDE

Open CoDE ist eine Plattform der Öffentlichen Verwaltung zum Austausch von Open Source Software. Durch die zentrale Ablage von offenem Quellcode sollen Softwarelösungen wiederverwendet werden und gemeinsam an Lösungen gearbeitet werden. Das Projekt ist Teil der Deutschen Verwaltungscloud-Strategie.[21]

---

[20] Vgl. https://scs.community/de/about/
[21] Vgl. https://opencode.de/de.

5.11 Servicedienste

Ergänzend zu den Services und Rahmen im übergeordneten Kontext existieren noch weitere Standards und Entwicklungen, welche den Zugang zu Verwaltungsleistungen um digitale Komponenten ergänzen.

5.11.1 Terminvergaben

Die elektronische Terminvergabe für Bürgerinnen und Bürger sowie Unternehmen ist mittlerweile eine Standardleistung von Verwaltungen geworden (Struck 2018). Diese Vergabesysteme können sich auf bestimmte Ämter wie beispielsweise das Straßenverkehrsamt beziehen oder auf verschiedenste Dienstleistungen in einem leistungsbündelnden Amt wie dem Bürgeramt. Die Kommunikation des Termins erfolgt in der Regel per E-Mail und umfasst häufig die Aspekte wie Terminbestätigungen, Erinnerungen an erforderliche Unterlagen oder die Terminerinnerung. Entgegen der vielfach zu findenden Darstellung handelt es sich hierbei jedoch nicht um eine E-Government Leistung, da der Termin an sich keine eigentliche Verwaltungsleistung ist, sondern quasi die Instanz, in der eine Leistung entstehen kann.

5.11.2 E-Mail-Postfach

Nach dem Scheitern von De-Mail fehlt eine zentrale Komponente in der elektronischen Kommunikation zwischen Verwaltung und Bürgerinnen und Bürger sowie Unternehmen (Merschmann 2021). Zwar wird diese zentrale Komponente in systemimmanenten Postfächern wie im ELSTER-Portal substituiert, aber es fehlen Aspekte, die mit der De-Mail intendiert waren. Eine rechtssichere Zustellung von E-Mails ist in diesen proprietären Systemen nicht für alle möglich, sondern nur für den Anbieter des Systems. Ein zentrales „Behördenpostfach" für die Nutzenden fehlt und so erhalten Bürgerinnen und Bürger sowie Unternehmen E-Mails von verschiedenen Behörden auf verschiedenen Wegen. Eine Bündelungsfunktion, durch die alle behördlich relevanten Mails an einer gesonderten, sicheren Stelle ankommen fehlt. Zudem behelfen sich Verwaltungen heutzutage mit der Nutzung von nicht gesicherten Standardmails im Austausch, weil entsprechende Systeme zum sicheren Austausch keine allgemein akzeptierte Nutzung erfahren.

Durch die Einführung der BundID wird ein neuer Versuch gestartet (Siehe Abschn. 5.3). Die BundID soll in allen Verwaltungsbereichen zum Einsatz kommen und ist mit einem Postfach verknüpft. Somit wird es nicht erforderlich sein, eine neue Mail-Adresse bei einem gesonderten Betreiber einzurichten, wie bei der De-Mail. Zudem ist die BundID und damit auch das Postfach kostenfrei. Durch die Zusammenführung mit der künftigen eID wird die BundID somit auch zum gesicherten, zentralen Postfach, in das alle BundID nutzenden Stellen eingebunden werden können.

5.11.3 Download-Bereich

Analog zum Postfach gehört in der Umsetzung von digitalen Leistungen ein Download-Bereich mit allen relevanten Dokumenten und vergleichbarem zum Standard. Mit Verweis auf die in den ELSTER-bezogenen Produkten umgesetzten Postfächer können dort auch die Bescheide elektronisch übermittelt abgerufen werden. Vergleichbares findet sich auch in der Praxis von Banken, bei denen im Online-Bereich beispielsweise die Kontoauszüge bereitgestellt werden. In der Ableitung für die öffentliche Verwaltung wäre somit ein zentraler Download-Bereich denkbar, in dem alle Beteiligten die relevanten Bescheide finden könnten, egal von welcher Behörde sie kommen. Dies ist mit der BundID über das Postfach nur mittelbar angedacht. Daher zeichnet sich hier ein Weg ab, dass die Bescheide im Portal der jeweiligen Behörde (beispielsweise Finanzamt, Kommune, Kraftfahrtbundesamt) abrufbar sind, die jeweils per Legitimation über die BundID erreichbar sind.

5.11.4 Behördenrufnummer 115

Eine gesonderte Form der Umsetzung des „one"-Prinzips ist die sukzessive Umstellung auf die einheitliche Behördenrufnummer 115 (FITKO 2023). Statt einzelne Behördennummern zu suchen und dann die jeweilige Behörde zum entsprechenden Anliegen anzurufen, ermöglicht diese einheitliche Nummer den Zugang zu allen angeschlossenen Behörden. Eine vorherige Orientierung welche Behörde zuständig wäre, entfällt damit. Dies entspricht der Maßgabe des „Single Digital Gateway", quasi als „Single Telefone Gateway". Zum Stand Ende 2023 sind laut Aussage der FITKO „über 550 Kommunen, 14 Länder und die gesamte Bundesverwaltung" angeschlossen (FITKO 2023). Nach Anschluss an die einheitliche Behördennummer können in der jeweiligen Region Informationen zu allen angeschlossenen Behörden und Leistungen eingeholte werden.

Auch dies ist keine eigentliche E-Government-Anwendung, da sie zum einen nicht digital im engeren Sinne ist und zum anderen wiederum keine Leistung, sondern nur einen Weg zur Leistung ermöglicht bzw. vereinfacht (Kommune 21 2023).

Literatur

Bundesamt für Sicherheit in der Informationstechnik (BSI) (Hg.) (2021): Technische Richtlinie TR-03127. eID-Dokumente basierend auf Extended Access Control. Personalausweis, elektronischer Aufenthaltstitel, eID-Karte für Unionsbürger und Smart-eID. Bonn.

Literatur

FITKO (Hg.) (2023): Die 115 stellt sich vor. Online verfügbar unter https://www.115.de/DE/ueber_115/115_stellt_sich_vor/115_stellt_sich_vor_node.html, zuletzt geprüft am 09.11.2023.

Föderale IT-Kooperation (FITKO) (Hg.) (2020): Deutsche Verwaltungscloud-Strategie. Föderaler Ansatz. Online verfügbar unter https://www.cio.bund.de/SharedDocs/downloads/Webs/CIO/DE/digitale-loesungen/deutsche-verwaltungscloud-strategie.pdf;jsessionid=140F6B654CA6B513F48BE19697EC09C2.2_cid322?__blob=publicationFile&v=1.

Föderale IT-Kooperation (FITKO) (Hg.) (2022): Deutsche Verwaltungscloud-Strategie: Rahmenwerk und Zielarchitektur.

Kommune 21 (2023): Neue Rolle für die Behördennummer. In: *Kommune 21*, 19.01.2023. Online verfügbar unter https://www.kommune21.de/meldung_41455_Neue+Rolle+f%C3%BCr+die+Beh%C3%B6rdennummer.html, zuletzt geprüft am 09.11.2023.

Merschmann, H. (2021): Krachend gescheitert. In: *Kommune 21*, 07.12.2021. Online verfügbar unter https://www.kommune21.de/meldung_37615_on.html, zuletzt geprüft am 09.11.2023.

Struck, A. (2018): Terminvereinbarung beim Amt online. In: *eGovernment Verwaltung Digital*, 20.11.2018. Online verfügbar unter https://www.egovernment.de/terminvereinbarung-beim-amt-online-a-777391/, zuletzt geprüft am 09.11.2023.

Wollinger, Gina Rosa; Schulze, Anna (Hg.) (2020): Handbuch Cybersecurity für die öffentliche Verwaltung. Kommunal- und Schul-Verlag. Wiesbaden: Kommunal- und Schul-Verlag (KSV Verwaltungspraxis). Online verfügbar unter https://ebookcentral.proquest.com/lib/kxp/detail.action?docID=6421335.

E-Government Praxis 6

Die Bewertung des in Deutschland erreichten Stands der Umsetzung von E-Government ist systematisch aus den folgenden Gründen problematisch:

- Neben den über 11.000 Kommunen besteht eine Vielzahl an Behörden auf Landes- und Bundesebene sowie weitere auf inter- und intrakommunaler Ebene. Eine systematische Erfassung müsste in all diesen Behörden den Umsetzungsstand erheben.
- Zur Messung des Umsetzungsstandes müsste es ein Zielbild geben. Dieses ist mit der Umsetzung des OZG in Ansätzen zwar geschaffen worden, unterliegt aber einer dynamischen Entwicklung und zeigt keinen abschließenden Soll-Zustand auf. Auch erhebt der Katalog keinen Anspruch auf Vollständigkeit. Hierauf wird im Folgenden noch eingegangen.
- Neben den Anbietern und den Leistungen müsste drittens noch die Nutzung erhoben werden, um die tatsächliche Umsetzung in Form der Wirkung abzubilden. Dies ist in Teilen möglich und erfolgt auch. Aber eine umfassende Nutzungsmessung für die Vielzahl an Leistungen in der Vielzahl an Behörden ist für die damit zu erzielenden Aussage zu umfangreich.

Nachfolgend werden daher eklektisch Auszüge aus den verschiedenen Datenbanken zur Umsetzung des OZG sowie bekannte regelmäßig durchgeführte Studien zum Stand der Umsetzung vorgestellt. Im dritten Teil werden ausgewählte Dienstleistungen aus der Praxis vorgestellt, die jeweils eigene Besonderheiten aufweisen oder exemplarisch für bestimmte Trends stehen.

6.1 Stand der Umsetzung gemäß Umsetzungsdatenbanken

6.1.1 Dashboard zum Onlinezugangsgesetz des BMI

Das BMI betreibt eine eigene Website für die Umsetzung des Onlinezugangsgesetzes. Ausgangspunkt ist der Leistungskatalog, der im Auftrag des BMI bis April 2018 erstellt worden ist (Stocksmeier und Hunnius 2018). Dieser ist im Jahr 2018 auf eine Online-Datenbank umgestellt und dort weiterentwickelt worden[1]. Über eine gesonderte Homepage informiert das BMI über den Stand der Umsetzung[2]. Ursprünglich sollten 575 sog. OZG-Leistungen als digitales Angebot bis Ende des Jahres 2022 umgesetzt werden. Hiervon entfielen 115 Leistungen auf den Bund, 370 Leistungen auf die Länder und Kommunen auf Basis von Bundesregelungen und weitere 90 Leistungen auf Länder und Kommunen, aber in eigener Regelungskompetenz (Stocksmeier und Hunnius 2018) stocksmWirtz.

Diese OZG-Leistungen galten als Leistungsbündel, weil diese jeweils mehrere konkrete Einzelleistungen zusammenfassten. Insgesamt wurden über diese OZG-Leistungsbündel rund 1900 Einzelleistungen, sog. Leistungskatalog-Leistungen, adressiert.

In einer Vorgängerversion zum aktuellen Dashboard[3] des BMI zur Umsetzung des OZG wurde die Zählung der Umsetzung noch an diesen Zahlen orientiert. Problematisch hieran war, dass die Umsetzung als erfolgt galt, wenn diese einmal online angeboten wird. Dies ist insbesondere bei den Leistungen in den Ländern und Kommunen problematisch, da durch diese Zählung kein Abbild der Verfügbarkeit in der Fläche gegeben wurde.

Das aktuelle Dashboard zählt die flächendeckend angebotenen Leistungen. Zum 8. September 2023 wurden hierüber 132 Leistungen wie folgt gekennzeichnet: „OZG-Leistungen bundesweit flächendeckende Onlinedienste verfügbar". Der weiterführende Hyperlink auf die Seite www.verwaltung.bund.de ermöglicht keine weitere konkrete Recherche, welche Leistungen dies sind. Auch die Zahl 132 lässt sich nicht einordnen, da sie sich auf die Leistungen des Bundes in einer Vollzugskompetenz sowie in der Vollzugskompetenz von Ländern und Kommunen bezieht. Gleiches gilt für die Detaildarstellung der Länder. Eine Messung des Stands der Umsetzung ist damit nicht möglich. Ergänzend hierzu äußert der zuständige Abteilungsleiter im Bundesministerium des Innern und für Heimat, Ernst Bürger, im eGovernment-Podcast im Juli 2023, dass für den Bund 95 von 115 Leistungen online seien und verspricht einen fast vollständigen Go-live aller Leistungen im Reifegrad 3 zum Ende des Jahres 2023. Für die Länder und Kommunen schätzt er, dass von rund 180 EfA-Leistungen 110 Leistungen live geschaltet wurden, jedoch meist nicht flächendenkend sondern punktuell (Frenzel 2023).

Die weitergehenden Informationen auf der Informationsplattform ergänzen diese einfache Zählweise. Hier sind die Informationen zu allen insgesamt über 7400 Leistungen

---

[1] https://www.informationsplattform.ozg-umsetzung.de
[2] https://dashboard.ozg-umsetzung.de/
[3] Stand August 2023.

des Leistungskatalogs aufgeführt. Die verschiedenen Stufen der Umsetzung sind detailliert aufgeschlüsselt. Entscheidend in dieser Informationsplattform ist jedoch, dass die Realisierung nur bis zum Go-live bei einem Anbieter reicht. Das Ziel dieser Plattform ist somit nur der Nachweis, dass die Leistung online angeboten werden kann und wie der Stand auf dem Weg dahin ist. Dabei zeigt sich, dass die einfache Zählung zwei Aspekte ausblendet: Erstens, ob alle einzelnen Leistungen des Leistungskatalogs realisiert wurden und zweitens, dass bei der Zählung allein die erste Referenzimplementierung gezählt wird (Punz 2020) sowie (Wittmann 2021).

Damit dient weder das Dashboard noch die Informationsplattform des BMI für eine Bewertung des Umsetzungsstandes des OZG in Deutschland. Das Dashboard ist zu ungenau und die Informationsplattform gibt nur das Go-live in einer Umsetzungsinstanz an.

6.1.2 Dashboard zum Umsetzungsstand des OZG der Länder

Analog zum Dashboard des BMI betreiben einige Länder eigene Darstellungen zur Umsetzung des OZG. Beispielhaft wird die Website für das Land NRW dargestellt. Über den Dachverband kommunaler IT-Dienstleister in NRW „KDN" existiert eine vergleichbare Informationsplattform wie die des BMI (ozg.kdn.de). Die Informationsplattform bietet mehr Daten als die Plattform des BMI, u. a. werden die OZG-Leistungsnummern durchgehend aufgeführt und Stufen der Umsetzung werden detaillierter je LeiKa-Leistung und nicht nur je OZG-Leistung dargestellt. Jedoch bietet die Plattform keine Gesamtsumme je erreichter Stufe. Auch die Plattformen der Länder bieten zudem keine Darstellung, in wie vielen Kommunen die Leistungen umgesetzt sind. Mithin bieten auch diese Plattformen keine Antwort auf die tatsächliche Umsetzung in der Fläche.

6.2 Wiederkehrende Studien zum Stand der Umsetzung

6.2.1 Indices der europäischen Kommission

Die europäische Kommission veröffentlicht mit dem „Digital Economy and Society Index (DESI)"[4] und dem „e-Government Benchmark"[5] zwei jährliche Vergleiche zum Digitalisierungsgrad und der Umsetzung von E-Government in den Mitgliedsländern.

Der erste Index umfasst vier Dimensionen: Humankapital, Konnektivität, Integration von digitaler Technologie sowie digitale öffentliche Services. Bei der Betrachtung dieser letztgenannten Einzeldimension liegt Deutschland im Vergleich der 27 Länder im Jahr 2022 mit dem Wert 63,4 % auf dem 18. Platz.[6] Diese Einzeldimension besteht im

---

[4] https://digital-strategy.ec.europa.eu/en/library/egovernment-benchmark-2022
[5] https://digital-decade-desi.digital-strategy.ec.europa.eu/datasets/desi/charts
[6] https://digital-decade-desi.digital-strategy.ec.europa.eu/datasets/desi-2022/charts

Gegensatz zu den anderen Dimensionen nur aus einer Sub-Dimension: E-Government. Diese wiederum besteht aus fünf Indikatoren: E-Government-Nutzer, vorausgefüllte Formulare, digitale Services für Bürger bzw. Unternehmen und Open Data. Bei den Indikatoren zu Nutzungszahlen liegt Deutschland mit einem Punktwert von 54,5 % auf dem 24. Platz, bei den digitalen Services für Bürger wird für das Jahr 2022 ein über dem EU-Durchschnitt liegender Wert von 75,7 % (Platz 14) erreicht. Zu beiden Indikatoren werden Definitionen vorgestellt. Bei den digitalen Services für Bürger lautet sie wie folgt: „The share of administrative steps that can be done online for major life events (birth of a child, new residence, etc.) for citizens"[7]. Weitere Details und die Bewertungsskala werden nicht angegeben, sodass die detaillierte Auswertung, welche Services wie bewertet wurden, nicht möglich ist.

Der zweite Index "e-Government-Benchmark" speist den gleichnamigen Indikator beim DESI-Index. Dieser Index wurde nach Überarbeitung der früheren Methodik erstmal für das Jahr 2020 publiziert und in Teilen für das Jahr 2021 wiederholt[8]. Basis sind neun "life events" (u. a. Familie, Karriere, Studium, Gesundheit oder Umzug). Für diese werden die Indikatoren Nutzerorientierung, Transparenz, Schlüssel Enabler und grenzüberschreitende Dienste erhoben und bewertet. Da aber je "life event" nur zehn Leistungen betrachtet werden, kann auch dieser Index nicht als Abbildung des Umsetzungsstands von E-Government in Deutschland dienen.

6.2.2 Deutschland-Index der Digitalisierung

Das Fraunhofer-Institut für Offene Kommunikationssysteme FOKUS betreibt das Kompetenzzentrum für Öffentliche IT, welches durch das BMI gefördert wird. Das Kompetenzzentrum führt alle zwei Jahre eine Studie zum Stand der Digitalisierung in Deutschland durch. Die folgenden Ausführungen beziehen sich auf die Ausgabe des Jahres 2023 (Opiela et al. 2023). Die Studie untersucht vier Themenfelder, darunter das Feld „Digitale Verwaltung", welches in den vorhergehenden Studien noch in die Themen „Digitale Kommune" und Bürgerservices unterteilt war (Opiela et al. 2023; Hölscher et al. 2021). Basis der Analyse sind eine repräsentative Bevölkerungsumfrage, Daten der Bundesebene und eine Betrachtung von ausgewählten kommunalen Webportalen (Opiela et al. 2023). Die Betrachtung der tatsächlich angebotenen Leistungen bezieht sich auf insgesamt 10 Leistungen (u. a. Melderegisterauskunft, Wohngeldantrag, KfZ-Zulassung, Führungszeugnis und Hundesteueranmeldung) (Opiela et al. 2023). Hier wird für die Studie ein deutlicher Anstieg der Verfügbarkeit festgellt. Für die fünf primär untersuchten Leistungen sind gemäß Studie 2,7 Leistungen pro Kommune verfügbar. Bei den fünf sekundär untersuchten liegt die Zahl bei 2,3 Leistungen pro Kommune. Die Anstiege gegenüber 2021 betrugen 30 % bei der ersten Gruppe bzw. 20 % bei der zweiten. Im Jahr 2019 lag der

---

[7] https://digital-strategy.ec.europa.eu/de/policies/desi-digital-public-services
[8] https://digital-agenda-data.eu/datasets/e-gov-2020

6.2 Wiederkehrende Studien zum Stand der Umsetzung

Anteil der angebotenen Leistungen der ersten Gruppe noch bei 0,9 (Opiela et al. 2023; Hölscher et al. 2021).

Im Weiteren betrachtet die Studie des Jahres 2023 u. a. noch die Verlinkungen von Leistungen, die genutzten Basiskomponenten und Wertungen der Angebote. Für die insgesamt 10 Leistungen zeigt die Studie ein Abbild der Praxis. Allerdings auch nur für die 10 Leistungen bei insgesamt über 3000 kommunalen Leistungen gemäß Leistungskatalog. Daher erhebt die Studie auch nicht den Anspruch, ein komplettes Bild der Umsetzungspraxis zu bieten (Opiela et al. 2023).

6.2.3 eGovernment Monitor der Initiative D21 e. V.

Die Initiative D21 e. V. ist ein Zusammenschluss von rund 120 Unternehmen und Institutionen vorwiegend aus dem Bereich der Informations- und Kommunikationstechnologie. Der Verein will Netzwerk zum Austausch vor allem auch mit der Politik schaffen (Müller 2021). Inklusive der Vorläuferstudien veröffentlicht die Initiative seit 2001 jährlich den D21-Digital-Index. Dieser weist jedoch keinen direkten Bezug zur Umsetzung von digitalen Verwaltungsleistungen aus (Dathe et al. 2020).

Die ebenfalls von der Initiative und der Technischen Universität München seit 2010 jährlich veröffentlichte Studie „eGovernment Monitor" befasst sich direkt mit der Umsetzung von digitalen Verwaltungsleistungen und deren Nutzung (Schreiber et al. 2020; Kantar GmbH 2022). Die Studie geht überwiegend auf die Nutzung, Bekanntheit und Akzeptanz von Onlinediensten sowie Nutzungswünschen ein, nicht auf die Breite der Angebote. Daher bietet sie nur einen repräsentativen Einblick in die Seite der Nutzung und Wahrnehmung der Angebote, ohne konkrete Leistungen zu benennen oder zu untersuchen.

6.2.4 Smart City Index der Bitkom e. V.

Seit 2019 veröffentlicht der Bitkom e. V. eine Studie zur digitalen Transformation der Städte (Lange 2023; Hölscher et al. 2021) Diese Studie soll laut eigener Aussage Entwicklungen und Trends sichtbar machen, wobei dies aus Sicht von Bitkom eine Unterstützung der Kommunen bei ihren Digitalisierungsvorhaben sein soll. Der Verein vertritt IT-Unternehmen, die Software oder Dienstleistungen im digitalen Bereich anbieten oder Hardware herstellen (Bitkom e. V. 2023).

Die Studie wurde von der Bitkom Research GmbH im Jahr 2023 zum fünften Mal durchgeführt. Untersucht wurde, welche von den 81 Großstädten Deutschlands „digital spitze" ist. Hamburg wurde in dieser Studie zum wiederholten Mal als die „smarteste" Stadt erkoren (Lange 2023).

Das Untersuchungsdesign setzt sich aus 133 Parametern zusammen, die in einer mehrstufigen Gewichtungskaskade zu 36 Indikatoren und dann zu fünf Themenbereichen zusammengefasst werden (Bitkom e. V. 2022). Die einzelnen Indexwerte werden mit einer Skala bewertet, normiert und gehen dann gleichgewichtet in den Index ein. Für den Themenbereich Verwaltung werden acht Indikatoren (u. a. Interne Prozesse, Payment, Online-Terminvergabe, Online-Dienstleistungen, Serviceportal) mit 30 Parametern erhoben (Bitkom e. V. 2022). Bezug zu konkret angebotenen Leistungen weist somit nur der Indikator Online-Dienstleistungen auf. Hier werden acht Leistungen betrachtet. Diese sind jedoch nicht eindeutig abgegrenzt, da beispielsweise bei Kfz-Anliegen die Punkte An- und Abmeldung in einem Paramater zusammengefasst sind. Der konkrete Punktwert in diesen Parametern bzw. dem zugehörigen Indikator gibt somit nur begrenzt Auskunft über den tatsächlichen Stand in der Praxis. Die übrigen Indikatoren (bspw. Webseite und Social Media) haben keinen unmittelbaren Bezug zur Umsetzung von E-Government Leistungen in der Praxis.

6.2.5 Fazit

Die vorgestellten Studien bieten interessante Einblicke in den Stand der Digitalisierung der Verwaltung und Umsetzung von E-Government. Eine vollständige und kohärente Abbildung bieten sie nicht. Diesen Anspruch erheben sie auch nicht, was die Auswahl der Kriterien und Paramater zeigt. Die vollständige Abbildung scheint am ehesten über die Dashboards des BMI möglich, jedoch müssten hier die Verfügbarkeit in der Fläche und der erreichte Reifegrad dargestellt werden.

6.3 Praxisbetrachtung

6.3.1 Bewertungsmaßstab für die Praxis

Aufbauend auf der Ableitung, dass ein vollständiger Überblick über die Umsetzungspraxis nur mit hohem Aufwand möglich ist, wird in diesem Kapitel ein Bewertungsmaßstab für die Praxis entwickelt. Dieser wird auf ausgewählte Praxisbeispiele angewendet, um in diesem Buch einen Einblick zu ermöglichen, der nicht nur zum Zeitpunkt des Verfassens eine Aussagekraft hat. Neben den Grunddaten wie Leistungsnummer und Themenfeld gemäß OZG-Umsetzungskatalog werden folgende Betrachtungselemente aufgenommen:

Zuständigkeit
Im Rahmen der Umsetzung des OZG wurden zunächst die Leistungen benannt und ihnen dann ein Typ zugeschrieben. Dieser Typ gibt die verschiedenen Kombinationen aus Regelungskompetenz und Zuständigkeit der Umsetzung wieder (IT Planungsrat 2014). Gemäß IT-Planungsrat gibt es fünf Stufen, von denen drei noch in zwei Unterstufen unterteilt sind. Bei Typ 1 liegt die Regelungs- und Vollzugskompetenz ausschließlich

beim Bund, bei Typ 5 komplett bei den Kommunen. Bei Typ 2 liegt die wesentliche Regelungskompetenz bei Bund, während das Land vollzieht (Typ 2a) bzw. die Ausführung regelt, die Kommunen aber vollziehen (Typ 2b). Weitere Details sind in der entsprechenden Unterlage nachzulesen (IT Planungsrat 2014).

„One"-Fähigkeit
Die Prinzipien des One-Stop-Government und des Once-Only-Prinzips sind in Abschn. 7.9 beschrieben. Der Bezug zum Registermodernisierungsgesetz und der damit angestrebten Verknüpfung der Register ist ebenfalls erläutert worden. Hier soll eine Abschätzung je Leistung erfolgen, inwieweit diese die Voraussetzung für eine von uns so benannten „One"-Fähigkeit haben. Dass über Portale für jegliche Form von Anträgen die Grunddaten übernommen werden können, ist trivial. Hier ist mit der „One"-Fähigkeit gemeint, dass eine Übernahme von weiterführenden Daten und eine automatisierte Weitergabe von gleichartigen Daten möglich ist und damit eine direkte Umsetzung des One-Stop-Government denkbar ist.

Ergebnistyp
Die Ergebnisse von Verwaltungshandeln stellen oft Verwaltungsakte dar (VwVfG). Diese können u. a. nach Inhalt oder Art der Wirkung unterschieden werden. Für die Betrachtung des Ergebnistyps in dieser Arbeit erfolgt nur eine Anlehnung an die juristische Betrachtung. Daher werden aus Sicht der Bürgerschaft bzw. der Unternehmen folgende Punkte unterschieden: Geldleistung, Genehmigung mit Rechtsverhältnis, Genehmigung mit feststellender Wirkung, Steuerbescheid, Sonstige.

Nutzerkreis
Als Nutzerkreis werden die Unternehmen und die Bürgerschaft unterschieden. Verwaltungen als gegenseitige Nutzer werden nicht betrachtet.

Fallzahlen
Aufgeführt wird hier die Gesamtzahl der Fälle in einem bestimmten Zeitabschnitt im Regelungsbereich.

Wiederholung
Die Häufigkeit oder Wiederholung der Inanspruchnahme einer Dienstleistung ist je nach Leistung unterschiedlich: anlassbezogen, regelgebunden durch Einschränkung der Gültigkeitsdauer, bei Wiederholung des Anlasses, i. d. R. nie, nach Aufforderung durch die Behörde, Ablauf des Bezugszeitraums (Steuererklärung).

Nutzungsgrad
Sofern verfügbar oder abschätzbar wird der Grad der Nutzung des digitalen Angebots aufgeführt.

Reifegrad der Leistung
Eine weitere standardisierte Betrachtung, die sich im Rahmen der Umsetzung des OZG durchgesetzt hat, ist die Definition des Reifegrads von Leistungen. Dieser wird in fünf Stufen unterteilt (Bundesministerium des Innern und für Heimat 2023b). Dies wird in Abschn. 7.1.5 behandelt. Hier wird der maximal erreichte Umsetzungsgrad abgebildet.

Umsetzung in der Fläche
Die Verfügbarkeit einer Leistung ist insbesondere bei kommunalen Leistungen eine entscheidende Größe, inwieweit diese allen Bürgern und Unternehmen zur Verfügung steht. Hier kann i. d. R. nur eine Abschätzung erfolgen, da wie oben dargestellt keine vollständige Übersicht existiert.

6.3.2 Praxisbeispiele

Nachfolgend werden acht Beispiele von Anwendungen gemäß dem vorab vorgestellten Schema aufgeführt. Diese stehen jeweils für bestimmte Besonderheiten und zeigen somit den Stand der Praxis aus einer qualitativen Perspektive.

6.3.2.1 Hundesteuer Anmeldung

Bezeichnung	Hundesteuer Anmeldung			
LeiKa-Nr.	**Zuständigkeit/ Priorität**	**„One"-Fähigkeit**	**Ergebnistyp**	**Nutzerkreis**
99110009104000	Typ 5, Prio 2	Bedingt	Genehmigung mit Rechtsverhältnis	i. d. R. Bürger
Fallzahlen	**Wiederholung**	**Nutzungsgrad**	**Reifegrad**	**Fläche**
Ca. 1,2 Mio.	Anlassbezogen	Unbekannt	3[9]	Nur partiell

Die Anmeldung zur Hundesteuer wird im Themenfeld Engagement & Hobby in der Lebenslage Haustierhaltung geführt. Bei dieser Leistung handelt es sich vollständig um eine kommunale Leistung, daher sind die zugehörigen Leistungen mit den Typen 4 und 5 benannt. Eine zentrale Betrachtung über das OZG-Informationsportal wird nicht vorgenommen. Mittels einfacher Recherche lassen sich jedoch Kommunen finden, welche diese Leistung, meist über ihre regionalen IT-Dienstleister, bereits mindestens seit dem Jahr 2018 anbieten. Inklusiver vollständiger Abwicklung mit Zahlung, Upload von Nachweisen, digitalem Rückkanal ist diese Leistung beispielsweise in Bayern über

---

[9] Gemäß Informationsplattform OZG beträgt der initial abgeschätzte Reifegrad nur 1. Die Umsetzungen in der Praxis erfüllen jedoch das Merkmal des Reifegrad 3.

6.3 Praxisbetrachtung

den zentralen Dienstleister sowie in Teilen von Nordrhein-Westfalen verfügbar. Darüber hinaus wird sie über Serviceportale in weiteren Ländern angeboten (Schleswig-Holstein, Sachsen-Anhalt). Diese Leistung steht exemplarisch für ein Problem der Umsetzung des OZG. Zu Beginn der Umsetzung wurde nicht berücksichtigt, welche Leistungen bereits online verfügbar waren.

Flächendeckend in allen Kommunen ist die Leistung nicht verfügbar, auch wenn der technische Nachweis und die Funktionalität bewiesen sind. Der Nutzungsgrad ließ sich nicht recherchieren, dürfte jedoch nur gering sein, weil die Leistung teils erst seit kurzem verfügbar ist. Diese Leistung ist daher ein gutes Beispiel dafür, wie die Umsetzung der Digitalisierung in der Fläche stockt, weil jede Kommune eigenständig bzw. im Verbund oder über Nachnutzungen dafür verantwortlich ist. Die Komplexität der Anwendung ist jedoch gering, da die zu berücksichtigenden Vorgaben überwiegend kommunal sind, lediglich eine Eintragung in eine Liste (Datenbank) erfolgt und nur eine Anbindung an das Zahlsystem erforderlich ist. Verknüpfungen mit anderen Registern sind zuvorderst nur an das Melderegister denkbar.

6.3.2.2 Außerbetriebsetzung Kraftfahrzeug

Bezeichnung	Außerbetriebssetzung Kraftfahrzeug			
LeiKa-Nr.	**Zuständigkeit/ Priorität**	**„One"-Fähigkeit**	**Ergebnistyp**	**Nutzerkreis**
99036008070002	Typ 2/3, Prio 3	Ja	Genehmigung mit Rechtsverhältnis	Bürger und Unternehmen
Fallzahlen	**Wiederholung**	**Nutzungsgrad**	**Reifegrad**	**Fläche**
Ca. 6,7 Mio.[10]	Anlassbezogen	<5 %[11]	4[12]	Fast flächendeckend

Das Thema i-Kfz wurde in diesem Buch bereits behandelt. Die Stufe 1 wurde zum 1. Januar 2015 eingeführt, eine vollständige Durchführung ist seit 1. Oktober 2019 möglich. Die gewählte Umsetzung sah vor, dass das Kraftfahrtbundesamt eine Schnittstelle für die lokalen Zulassungsbehörden bereitstellt. Die eigentliche Software müssen die Kommunen stellen. Statt somit eine Software zentral für alle Zulassungsstellen und eigentlich die Bürger und Unternehmen für die gleiche Eintragung in der zentralen Datenbank zu stellen, existieren mehrere Softwarelösungen, die in unterschiedlicher Konfiguration in die jeweiligen Online-Dienstleistungen der Kommunen eingebunden werden müssen. Aus

---

[10] Statistik des Kraftfahrtbundesamtes für 2022: https://www.kba.de/DE/Statistik/Fahrzeuge/Ausserbetriebsetzungen/ausserbetriebsetzungen_node.html.
[11] Siehe Kap. 1.
[12] Gemäß Informationsplattform OZG beträgt der initial abgeschätzte Reifegrad nur 1. Die Umsetzungen in der Praxis erfüllen jedoch das Merkmal des Reifegrad 3.

diesem Grund bieten teils noch immer nicht alle Zulassungsstellen den Online-Dienst an bzw. müssen diesen aus technischen Gründen immer wieder unterbrechen. Dies zeigt die Problematik der Bundesleistungen (hier: Führung eines zentralen Registers über alle Fahrzeuge) die in kommunalem Vollzug liegen. Die Online-Außerbetriebssetzung im zentralen Fahrzeugregister erfolgt somit immer über kommunal bereitgestellte Software mit kommunalen Zwischenschritten. Eine direkte Interaktion mit dem Kraftfahrtbundesamt über eine von dort zur Verfügung gestellte Software wäre eine einfachere Lösung. Diese müsste zudem nur einmal gepflegt werden, statt wie derzeit in rund 420 Zulassungsstellen. Die Abgrenzung der Zuständigkeit zwischen Kommune und Bund stößt bei der Schaffung von E-Government-Angeboten an Grenzen. Sollten die Kommune früher als regional ansässige Behörde die Leistung für die Bundesebene anbieten, ließe sich diese einfache Erreichbarkeit für die Bürger und Unternehmen auch über eine zentral überall verfügbare E-Government-Lösung realisieren. Dass es auch anders geht, zeigt das nächste Beispiel.

6.3.2.3 Führungszeugnis

Bezeichnung	Führungszeugnis – im Rahmen der digitalen Beantragung einer Verwaltungsleistung Ausstellung			
LeiKa-Nr.	**Zuständigkeit/ Priorität**	**„One"-Fähigkeit**	**Ergebnistyp**	**Nutzerkreis**
99049005012000	Typ 1, Prio 1	Nein	Sonstige	i. d. R. Bürger
Fallzahlen	**Wiederholung**	**Nutzungsgrad**	**Reifegrad**	**Fläche**
4,9 Mio.[13]	Anlassbezogen	Unbekannt	3[14]	Flächendeckend

Beim Bundesamt für Justiz wird das Bundeszentralregister geführt. Aus diesem müssen Bürger für unterschiedliche Zwecke in unterschiedlicher Häufigkeit das Führungszeugnis beantragen, um es für Nachweise vorlegen zu können. Diese Leistung ist Teil der kommunalen Dienstleistung in den Einwohnermeldeämtern oder Dienstleistungszentren. Über diese können die Führungszeugnisse aus dem Bundeszentralregister bestellt werden. Seit dem 1. September 2014 können über das Onlineportal des Bundesamtes die Führungszeugnisse über die Authentifizierung mit dem Personalausweis direkt dort bestellt werden (Bundesamt für Justiz 2021). Die Zustellung erfolgt per Post, die Zahlung ist direkt online zu leisten. Auch wenn die Leistungen nicht vollständig vergleichbar sind, ist diese Dienstleistung im Gegensatz zu i-KfZ unter Umgehung der örtlichen Behörden direkt bei der Bundesebene möglich. Statt eine kommunale Software zu nutzen, kommt ausschließlich

---

[13] Basisjahr 2022 (Bundesamt für Justiz 2022).
[14] Gemäß Informationsplattform OZG beträgt der initial abgeschätzte Reifegrad nur 1. Die Umsetzungen in der Praxis erfüllen jedoch das Merkmal des Reifegrad 3.

die über das Portal beim Bundesamt für Justiz erreichbare Fachanwendung zum Einsatz. Auch viele Kommunen verlinken mittlerweile diese Dienstleistung in ihren kommunalen Portalen und verweisen auf die E-Government-Leistung des Bundes. Dies ist somit ein gutes Beispiel, wie Bundesleistungen zentral angeboten werden und die Kommunen über diesen direkten digitalen Weg entlastet werden können.

6.3.2.4 Arbeitsuchend Meldung Entgegennahme

Bezeichnung	Arbeitsuchend Meldung Entgegennahme			
LeiKa-Nr.	**Zuständigkeit/Priorität**	**„One"-Fähigkeit**	**Ergebnistyp**	**Nutzerkreis**
99007026261000	Typ 1, Prio 1	Ja	Sonstige	Bürger
Fallzahlen	**Wiederholung**	**Nutzungsgrad**	**Reifegrad**	**Fläche**
Ca. 6 Mio.[15]	Anlassbezogen	Unbekannt	3	Flächendeckend

Seit 1. Januar 2022 kann über die Arbeitsagentur die Meldung als arbeitssuchend und arbeitslos online erfolgen. Die Leistung wurde als hoch prioritär eingestuft und konnte durch den Bund vollständig eigenständig[16] umgesetzt werden. Dies ist im Rahmen des Umsetzungszeitraums des OZG auch erfolgt. Als zentrales Portal für alle Arbeitssuchenden und Arbeitslosen wurde die Seite der Arbeitsagentur eingerichtet, unabhängig vom Wohnort. D. h. die jeweiligen örtlichen Einrichtungen der Arbeitsagentur wurden mit an dieses System angebunden. Die digital angelegte Personenakte ist mit den Arbeitgebern und weiteren Trägern der Sozialversicherung mittelbar verknüpft. Zudem ist der Workflow mit den Kunden hinterlegt, im dem u. a. ein Postfach dort hinterlegt ist.

6.3.2.5 Ein- und Ausfuhranmeldung und -genehmigung

Bezeichnung	Ein- und Ausfuhranmeldung und -genehmigung			
LeiKa-Nr.	**Zuständigkeit/ Priorität**	**„One"-Fähigkeit**	**Ergebnistyp**	**Nutzerkreis**
U. a. 99122012028000	Typ 1, Prio 1	Ja	Genehmigung mit feststellender Wirkung	Unternehmen, (Bürger)
Fallzahlen	**Wiederholung**	**Nutzungsgrad**	**Reifegrad**	**Fläche**

(Fortsetzung)

---
[15] Basisjahr 2022 gemäß Statistik der Bundesagentur für Arbeit; darin enthalten ca. 0,8 Mio. Empfänger von ALG 1.
[16] Zumindest für den Bereich ALG 1, da für den SGB II-Bereich in Ausnahmefällen die Kommunen zuständig sind.

(Fortsetzung)

Bezeichnung	Ein- und Ausfuhranmeldung und -genehmigung			
Ca. 150 Mio. Warensendungen[17]	Anlassbezogen	Hoch	3	Flächendeckend

Die Abwicklung der Aus- und Einfuhren erfolgt in Deutschland über die Dienststellen der Zollverwaltung. Neben den innergemeinschaftlichen Anmeldungen wird über diese auch die Einfuhr von Waren aus Drittländern behördlich abgewickelt. Diese unterliegen je nach Art, Wert und Herkunft der Ware unterschiedlichen Reglungen, Zöllen, Freigrenzen und Vorschriften. Hierzu wurde seitens des Bundesministeriums für Finanzen bereits in den 1990er begonnen, entsprechende IT-Verfahren einzuführen (Ovie 2008). Die eingeführte Plattform läuft unter dem Namen ATLAS (Automatisiertes Tarif- und Lokales Zoll-Abwicklungs-System). Über verschiedene Ausbaustufen, in denen einzelne Verfahrensarten ergänzt wurden (Ovie 2008) bietet ATLAS nunmehr die Grundlage für die laut Aussage der Generalzolldirektion „Voraussetzungen für die weitgehend automatisierte Abfertigung und Überwachung des grenzüberschreitenden Warenverkehrs" (Generalzolldirektion 2023b). Teile der Nutzung wie das Verfahren zur Ausfuhr sind verpflichtend (Generalzolldirektion 2023a). Dieses Verfahren bietet Schnittstellen zu weiteren Fachverfahren (Ovie 2008). Dieses E-Government-Beispiel ist somit eines mit im Vergleich zu anderen Verfahren längerer Historie. Zudem ist hier eine Bundesleistung in den verschiedenen Dienststellen der Zollverwaltung vernetzt und bietet eine durchgehende und zum Teil verpflichtende Nutzung mit im Vergleich sehr hohen Nutzungszahlen. Der digitale Nutzungsgrad ist nicht detailliert ausgewiesen, wird aber beispielsweise wegen der teilweise verpflichtenden digitalen Meldung zu hohen digitalen Nutzungszahlen führen.

6.3.2.6 Gewerbe Anmeldung

Bezeichnung	Gewerbe Anmeldung			
LeiKa-Nr.	**Zuständigkeit/ Priorität**	**„One"-Fähigkeit**	**Ergebnistyp**	**Nutzerkreis**
99050012104000	Typ 2/3, Prio 1	Ja	Genehmigung mit Rechtsfolge	Bürger
Fallzahlen	**Wiederholung**	**Nutzungsgrad**	**Reifegrad**	**Fläche**
Ca. 0,6 Mio.[18]	Anlassbezogen	Unbekannt	3	Flächendeckend

---

[17] Basisjahr 2022 gemäß (Generalzolldirektion 2023c).
[18] Neuerrichtungen gemäß (Statistisches Bundesamt 15.02.2023).

6.3 Praxisbetrachtung

In Deutschland werden je Jahr ca. 600.000 Gewerbe neu angemeldet. Dieser Leistung wurde im Rahmen der besseren Wirtschaftsförderung und der Verbesserung der Leistungen für Unternehmen in der Gründung eine hohe Priorität zugeschrieben. Das lässt sich auch daran ablesen, dass diese Leistung bereits vor der Umsetzung im Rahmen des OZG realisiert wurde. In Nordrhein-Westfalen ist diese Leistung bereits seit Juli 2018 online verfügbar (Ministerium für Wirtschaft, Innovation, Digitalisierung und Energie NRW 28.05.2018). Gemäß OZG-Informationsplattform ist diese Leistung im Mai 2022 realisiert worden und steht als EfA-Leistung zur Verfügung. Auch hier zeigt sich das Problem der bereits parallel bzw. vor dem OZG realisierten Leistungen. Diese wurde nicht bzw. nur sukzessive in die Umsetzung des OZG integriert. Die Leistung ist mittlerweile flächendeckend verfügbar, meist über Landesportale, auf welche die kommunalen Portale verweisen. D. h. die Nachnutzung der Kommunen erfolgt über die Integration der Landeslösung, ohne eigene Realisierungen vornehmen zu müssen.

6.3.2.7 Wohnsitz Änderung

Bezeichnung	Wohnsitz Änderung			
LeiKa-Nr.	**Zuständigkeit/ Priorität**	**„One"-Fähigkeit**	**Ergebnistyp**	**Nutzerkreis**
99115005011000	Typ 2/3, Prio 1	Ja	Genehmigung mit Rechtsfolge	Bürger
Fallzahlen	**Wiederholung**	**Nutzungsgrad**	**Reifegrad**	**Fläche**
Ca. 6,5 bis 8,8 Mio.[19]	Anlassbezogen	Unbekannt	1	Eine Umsetzung

Gemäß Statistischem Bundesamt zogen im Jahr 2017 (letzte verfügbare Erhebung) in den Bundesländern zwischen 7,8 und 10,5 % der Bürger um (Techem 2018). Daraus kann abgeleitet werden, dass in Deutschland rund 6,5 bis 8,8 Mio. Umzüge im Jahr stattfinden. Mit dem Umzug entsteht die Verpflichtung, die neue Meldeadresse in kurzer Frist dem Einwohnermeldeamt bekannt zu geben. Durch die hohe Fallzahl ergibt sich die Einstufung als priorisierte Leistung aus Sicht der Bürger. Zwei Punkte sind Ergebnis dieser Ummeldung. Zum einen ist die neue Adresse im Register hinterlegt. Dies wird künftig in der Verknüpfung der Register durch das Registermodernisierungsgesetz direkte Auswirkungen auf sämtliche über die Steuer-ID verknüpfte Register haben. Zum anderen wird die neue Adresse als Aufkleber auf dem Personalausweis aufgebracht. Die Umsetzung dieser Leistung als E-Government-Leistung muss somit eine Lösung für das physische Anbringen der Adresse beinhalten. Die reine Registerummeldung ist hingegen eine allein technische Lösung.

---

[19] Techem 2018.

Im Rahmen der Umsetzung des OZG wurde diese Leistung federführend durch das Bundesland Hamburg betreut. Dort ist auch die Realisierung des Projekts eWA – „Elektronische Wohnsitzanmeldung" erfolgt (Bundesministerium des Innern und für Heimat 20.09.2022). Nach aktuellem Stand ist diese Leistung nur sehr eingeschränkt verfügbar. Nutzbar ist sie nur bei Umzügen innerhalb von Hamburg bzw. Lübeck und nur für einen begrenzten Nutzerkreis (Bundesministerium des Innern und für Heimat 2023a). Gemäß Aussage des IT-Dienstleisters umfasst dies rund 57 % aller Umzüge (Dataport 20.09.2022). Das Verfahren ist zweistufig aufgebaut. Die Änderung im Register wird nach Authentifizierung über den nPA per postalischem Code verifiziert. Anschließend erfolgt im zweiten Schritt die Zusendung des Aufklebers, welcher selbst aufgebracht werden kann bzw. muss (Bundesministerium des Innern und für Heimat 2023a). Mit Abschluss der Pilotphase kann dieser Service als EfA-Leistung nachgenutzt werden. Die Ausweitung auf Umzüge außerhalb des Geltungsbereichs des bisherigen Melderegisters und auf weitere Personenkreise ist nicht angekündigt.

Dieses Beispiel zeigt das Erfordernis, bestehende Prozesse mit physischer Auswirkung (Aufkleber) neu zu fassen. Weiterhin zeigt es das Erfordernis der Verknüpfung der Register über die einheitliche ID, um eine Ummeldung auch bei einem Zuzug von außerhalb der neuen Wohnortkommune zu ermöglichen. Auch wenn also die rechtlichen Voraussetzungen für den Prozess, durch Ermächtigung des Bürgers, selbst den Aufkleber anzubringen, geschaffen wurden und die Programmierung der Leistung erfolgt ist, wird es noch Jahre dauern, bis diese umfassend und flächendeckend verfügbar ist, weil die automatisierte Verknüpfung der Register fehlt. Anhand dieser Leistung lässt sich gut ableiten, warum die Vorgabe, das OZG bis Ende des Jahres 2022 umzusetzen, nicht eingehalten werden konnte.

6.3.2.8 Wohngeld Zahlung

Bezeichnung	Wohngeld Zahlung			
LeiKa-Nr.	**Zuständigkeit/ Priorität**	**„One"-Fähigkeit**	**Ergebnistyp**	**Nutzerkreis**
99107023131000	Typ 2/3, Prio 1	Ja	Genehmigung mit Rechtsfolge	Bürger
Fallzahlen	**Wiederholung**	**Nutzungsgrad**	**Reifegrad**	**Fläche**
Bis 2023: 0,6 Mio. ab 2023: bis zu 2 Mio.[20]	Regelgebunden durch Einschränkung der Gültigkeitsdauer	Unbekannt	3	Weitgehend flächendeckend

(Fortsetzung)

---
[20] Statistisches Bundesamt 05.12.2022 und Bundesministerium für Wohnwesen, Stadtentwicklung und Bauwesen 05.05.2023.

(Fortsetzung)

Bezeichnung	Wohngeld Zahlung

Ende 2019 wurde in Schleswig-Holstein der Pilot für die Beantragung von Wohngeld umgesetzt. Bis Ende 2021 wurden gemäß OZG-Informationsplattform die Voraussetzungen für die Nachnutzung geschaffen. Ab Ende des Jahres 2022 wurde die Leistung über die verschiedenen Landesportal online zur Verfügung gestellt, wie beispielsweise bei gem einsamonline.de (Norddeutschland), Bayernportal, Wohngeldrechner.nrw.de oder service-bw.de.

Die digitale Umsetzung des Wohngeldantrags ist ein gutes Beispiel für eine Nachnutzung und die zentrale Bereitstellung für die Kommunen über ein gemeinsames Portal. Zudem zeigen sich bei dieser Leistung die Auswirkungen von nicht durchgesetztem E-Government. Weil die Leistung zum Zeitpunkt der Beschlussfassung des Gesetzes noch nicht flächendeckend digital verfügbar war, mussten sich die Kommunen auf die manuelle Antragsstellung einstellen (NDR 13.10.2022). Dies führte in vielen Kommunen zu Problemen, Rückständen und Beschwerden (NDR 17.01.2023; Der Westen 28.04.2023).

6.3.3 Summarische Betrachtung der Umsetzung

Für den Umsetzungskatalog des OZG wurden die Leistungen gruppiert und kategorisiert. Unter anderem ist eine Einschätzung vorgenommen worden, welches die „Top 100"-Leistungen für Bürger sowie Unternehmen sind (Hunnius et al. 2015). Diese Kategorisierung ist in der Auflistung des Informationsplattform ebenfalls enthalten. Durch Doppelungen der Leistungen und Ergänzungen werden dort zum Stand dieser Betrachtung (01.Oktober 2023) insgesamt 164 Leistungen als „Top 100 Bürger" und 160 Leistungen als „Top 100 Wirtschaft"[21] gelistet. Von diesen waren als EfA-Leistung 27 der Leistungen für Bürger und zehn Leistungen aus dem Gruppe Wirtschaft bereitgestellt. Insgesamt wies das Portal 398 eingestellte EfA-Leistungen aus, bei insgesamt rund 6500 Leistungen.

Als weitere Kategorie der Betrachtung kann die Gruppe der „Fokusleistungen" herangezogen werden. Der Bund und die Länder haben im Frühjahr 15 Fokusleistungen definiert, die im Rahmen des OZG-Nachfolgegesetzes mit hoher Dringlichkeit umgesetzt werden sollen (Bundesministerium des Innern und für Heimat 2023c). Diese Leistungen sind weder deckungsgleich mit OZG-Leistungsbündeln noch LeiKa-Leistungen. Bei detaillierter Betrachtung ergeben diese Fokusleistung insgesamt 257 Leistungen. Von diesen sind 88 als EfA-Leistung verfügbar (Tab. 1).

---

[21] Auswertung OZG Informationsportal Download „OZG-IP-Umsetzungskatalog-Expert 2023_09_21" am 01.10.2023, jeweils ohne Leistungen, deren Umsetzung mit dem Merkmal „Unmöglichkeit" markiert wurden.

Tab. 6.1 Auswertung Umsetzungsdaten. (Eigene Recherche)

Zählung	Gesamtzahl	Realisiert	Prozent
OZG-Informationsplattform gesamt	6503	398 (als EfA-Leistung)	6,1 %
OZG-Informationsplattform Top 100 Bürger	164	27 (als EfA-Leistung)	16,5 %
OZG-Informationsplattform Top 100 Wirtschaft	160	10 (als EfA-Leistung)	6,2 %
Typ 1 (Leistungen Bund) gem. Aussage BMI Juli 2023	110	95	86,4 %
OZG-Informationsplattform Fokusleistungen	257	88 (als EfA-Leistung)	34,2 %

Dieser Betrachtung liegt zugrunde, dass die Leistungen realisiert sind, wenn sie als EfA-Leistung nachnutzbar sind. Dass dies nicht durchgehend stimmt, zeigt die Betrachtung des Praxisbeispiels der Ummeldung, die zwar als EfA-Leistung verfügbar ist, aber noch in der Testphase steckt und keinen vollständigen Leistungsumfang bietet. Zudem ist davon auszugehen, dass weitere Leistungen, insbesondere auf der kommunalen Ebene, umgesetzt sind, die aber nicht Eingang in die Statistik finden.

6.4 Fazit

Eine durchgängige Erfassung wie viele Leistungen online verfügbar sind, ist aus mehreren Gründen nicht möglich:

- Die Zählung, welche Leistungen online verfügbar sind, orientiert sich derzeit noch stark an der technischen Umsetzung. Sobald dies nachgewiesen ist, wird die Leistung als verfügbar betrachtet. Dies ist aus technischer Sicht nachvollziehbar. Aus Sicht der Bürger und Unternehmen müsste vielmehr ausgewiesen werden, wie viel Prozent der Bevölkerung diese Leistung in Anspruch nehmen könnten.
- Während Bundes- und Landesleistungen im eigenen Vollzug messbar sind, da die Grundgesamtheit nur eins bzw. 16 ist, ist bei den Leistungen im kommunalen Vollzug die Grundgesamtheit 11.400. Diese variiert zudem, da je nach Kreis unterschiedliche Leistungen auf die Kreise delegiert sein können. Somit ist nicht nur die Zahl für eine durchgehende Online-Recherche mit vertretbarem Aufwand zu groß. Weiterhin muss je Leistung betrachtet werden, auf welcher Ebene diese anzubieten ist. Das „Soll" ist mithin nur näherungsweise zu bestimmen.
- Die Benennung und Differenzierung der Leistungen sind nicht durchgängig. Für das oben aufgeführte Beispiel der Ummeldung wird diese zusätzlich als Online-Leistung mit eigener Leistungsnummer geführt. Für diese wiederum gibt es die einmalige

Umsetzung. Im Umkehrschluss wird aber nicht die ursprüngliche Leistung gestrichen, sondern es bleiben beide im Katalog bestehen. Weitere vergleichbare Beispiele lassen sind finden und erschweren somit die Abbildung des Solls aus Sicht der Leistungen.
- Anhand des gleichen Beispiels lässt sich zudem darstellen, dass eine Umsetzung nicht immer auch die vollständige Leistung beinhalten muss. Solange die Ummeldung des Wohnsitzes nur innerhalb einer Kommune für einen eingegrenzten Nutzerkreis möglich ist, kann diese Leistung nicht als umgesetzt gekennzeichnet werden. Dies wird sie fälschlicherweise aber.
- Weiterhin kann nicht umfassend analysiert werden, in welchem Reifegrad diese umgesetzt sind, ob sie die Servicestandards einhalten und inwieweit diese genutzt werden.

Die Betrachtung des Umsetzungsstands von E-Government wird somit voraussichtlich nie vollständig erfolgen können.

Literatur

Bitkom e. V. (Hg.) (2022): Smart City Index 2022. Studie zur Digitalisierung deutscher Großstädte. Hinweise zur Methodik.

Bitkom e. V. (2023): Bitkom – Über uns. Online verfügbar unter https://www.bitkom.org/Bitkom/Ueber-uns, zuletzt aktualisiert am 15.12.2023.

Bundesamt für Justiz (2021): Magazin des Bundesamts für Justiz. Das Jahr 2021 im Bundesamt für Justiz. Online verfügbar unter https://www.bundesjustizamt.de/SharedDocs/Downloads/DE/BfJ/BfJ-Magazin_2021.pdf?__blob=publicationFile&v=7, zuletzt geprüft am 28.09.2023.

Bundesamt für Justiz (2022): Geschäftszahlen 2022 des Bundesamts für Justiz. Online verfügbar unter https://www.bundesjustizamt.de/SharedDocs/Downloads/DE/BfJ/BfJ_Geschaeftszahlen_2022.pdf?__blob=publicationFile&v=5, zuletzt geprüft am 28.09.2023.

Bundesministerium des Innern und für Heimat (20.09.2022): Ummelden nach dem Umzug jetzt online möglich – Digitales Pilotprojekt für Deutschland. Online verfügbar unter https://www.personalausweisportal.de/SharedDocs/kurzmeldungen/Webs/PA/DE/2022/09_wohnsitzanmeldung.html, zuletzt geprüft am 01.10.2023.

Bundesministerium des Innern und für Heimat (2023a): Die elektronische Wohnsitzanmeldung. Online verfügbar unter https://www.personalausweisportal.de/Webs/PA/DE/buergerinnen-und-buerger/elektronische-wohnsitzanmeldung/elektronische-wohnsitzanmeldung-node.html;jsessionid=1FF1B4CAB9029509B3F6E847C96ECCA2.1_cid504#doc18291888bodyText2, zuletzt geprüft am 01.10.2023.

Bundesministerium des Innern und für Heimat (2023b): OZG-Leitfaden. Unter Mitarbeit von FITKO. Online verfügbar unter https://leitfaden.ozg-umsetzung.de/display/OZG/OZG-Leitfaden, zuletzt aktualisiert am 22.09.2023.

Bundesministerium des Innern und für Heimat (2023c): Eckpunkte für eine moderne und zukunftsgerichtete Verwaltung. Paket für die digitale Verwaltung. Online verfügbar unter https://www.onlinezugangsgesetz.de/SharedDocs/downloads/Webs/OZG/DE/ozgaendg-eckpunkte.pdf?__blob=publicationFile&v=5, zuletzt geprüft am 01.10.2023.

Bundesministerium für Wohnwesen, Stadtentwicklung und Bauwesen (05.05.2023): Mehr Wohngeld für zwei Millionen Haushalte. Online verfügbar unter https://www.bundesregierung.de/breg-de/aktuelles/wohngeldreform-2130068#:~:text=Nun%20haben%20rund%20zwei%20Millionen,Millionen%20Menschen%20Anspruch%20auf%20Wohngeld.&text=Rund%20600.000%20Haushalte%2C%20die%20im,Anpassung%20weiterhin%20Wohngeld%20bezogen%20h%C3%A4tten., zuletzt geprüft am 01.10.2023.

Dataport (20.09.2022): Neuer Online-Dienst: Umzug digital melden. Online verfügbar unter https://www.dataport.de/nachricht/neuer-online-dienst-umzug-digital-melden/, zuletzt geprüft am 01.10.2023.

Dathe, R. et al. (2020): D21-DigitalIndex 2019/2020. Jährliches Lagebild zur Digitalen Gesellschaft. Hg. v. Initiative D21 e. V. Online verfügbar unter https://initiatived21.de/app/uploads/2020/02/d21_index2019_2020.pdf, zuletzt geprüft am 14.07.2021.

Der Westen (28.04.2023): Wohngeld: Im Amt „reagiert niemand" – Antragssteller werden seit Monaten hingehalten. Online verfügbar unter https://www.derwesten.de/politik/wohngeld-wohngeldantrag-plus-wartezeit-id300502905.html, zuletzt geprüft am 01.10.2023.

Frenzel, T. (2023): OZG und mehr. eGovernment Podcast (144), 15.07.2023.

Generalzolldirektion (2023a): Das IT-Verfahren ATLAS-Ausfuhr. Online verfügbar unter https://www.zoll.de/DE/Fachthemen/Zoelle/ATLAS/ATLAS-Ausfuhr/IT-Verfahren-ATLAS-Ausfuhr/it-verfahren-atlas-ausfuhr_node.html, zuletzt geprüft am 01.10.2023.

Generalzolldirektion (2023b): Grundlegende Informationen. Online verfügbar unter https://www.zoll.de/DE/Fachthemen/Zoelle/ATLAS/ATLAS-Allgemein/Grundlegende-Informationen/grundlegende-informationen_node.html, zuletzt geprüft am 01.10.2023.

Generalzolldirektion (Hg.) (2023c): Zolljahresstatistik 2022. Online verfügbar unter https://www.zoll.de/SharedDocs/Broschueren/DE/Die-Zollverwaltung/jahresstatistik_2022.html?nn=461042, zuletzt geprüft am 01.10.2023.

Hölscher, I. et al. (2021): Deutschland-Index der Digitalisierung 2021. Hg. v. Kompetenzzentrum Öffentliche IT. Berlin. Online verfügbar unter http://www.oeffentliche-it.de/publikationen.

Hunnius, S.; Schuppan, T.; Stocksmeyer, D. (2015): Top 100 – Die wichtigsten und am häufigsten genutzten Verwaltungsleistungen. Berlin: Nationales E-Government Kompetenzzentrum e. V.

IT Planungsrat (2014): Handbuch LeiKa-plus.

Kantar GmbH (2022): eGovernment MONITOR 2022. Hg. v. Initiative D21 e. V.

Lange, F. (2023): Smart City Index 2022. Hg. v. Bitkom e. V.

Ministerium für Wirtschaft, Innovation, Digitalisierung und Energie NRW (28.05.2018): Das „Gewerbe-Service-Portal.NRW" startet am 1. Juli 2018. Online verfügbar unter https://www.land.nrw/pressemitteilung/minister-pinkwart-elektronische-gewerbeanmeldung-macht-das-gruenden-einfacher#:~:text=Wer%20in%20Nordrhein%2DWestfalen%20sein,NRW%E2%80%9C%20an%20die%20Ordnungsbeh%C3%B6rden%20versenden., zuletzt geprüft am 01.10.2023.

Müller, L.-S. (2021): Mitgliedschaft. Hg. v. Initiative D21 e. V. Berlin. Online verfügbar unter https://initiatived21.de/mitgliedschaft/, zuletzt aktualisiert am 14.07.2021.

NDR (13.10.2022): Mehr Wohngeld-Anträge erwartet: Hamburg baut Verwaltung aus. Online verfügbar unter https://www.ndr.de/nachrichten/hamburg/Mehr-Wohngeld-Antraege-erwartet-Hamburg-baut-Verwaltung-aus,verwaltungsstellen100.html, zuletzt geprüft am 01.10.2023.

NDR (17.01.2023): Neues Wohngeld: Panne bei Online-Beantragung in Hamburg. Online verfügbar unter https://www.ndr.de/nachrichten/hamburg/Neues-Wohngeld-Panne-bei-Online-Beantragung-in-Hamburg,wohngeld142.html, zuletzt geprüft am 01.10.2023.

Opiela, N. et al. (2023): Deutschland-Index der Digitalisierung 2023. Hg. v. Kompetenzzentrum Öffentliche IT. Berlin. Online verfügbar unter http://www.oeffentliche-it.de/publikationen.

Literatur

Ovie, T. (2008): Die Vereinbarkeit des IT-Verfahren ATLAS (Einfuhr) als E-Government mit dem Zoll- und Steuergeheimnis. Zugl.: Münster, Univ., Diss., 2008. Witten: Mendel (Schriftenreihe des Europäischen Forums für Aussenwirtschaft, Verbrauchsteuern und Zoll e. V. an der Westfälischen Wilhelms-Universität Münster, 36).

Punz, M. (2020): Großzügige Zählweise bei neuem OZG-Dashboard. In: *Tagespiegel* 2020, 02.10.2020.

Schreiber, Patricia et al. (2020): eGovernment MONITOR 2020. 10 Jahre eGovernment MONITOR. Hg. v. Initiative D21 e. V. Berlin. Online verfügbar unter https://initiatived21.de/app/uploads/2020/10/egovernment_monitor_2020_onlineausgabe.pdf, zuletzt geprüft am 14.07.2021.

Statistisches Bundesamt (05.12.2022): 3,7 % weniger Haushalte bezogen im Jahr 2021 Wohngeld. Online verfügbar unter https://www.destatis.de/DE/Themen/Gesellschaft-Umwelt/Soziales/Wohngeld/_inhalt.html, zuletzt geprüft am 01.10.2023.

Statistisches Bundesamt (15.02.2023): Pressemitteilung Nr. 061 vom 15. Februar 2023. Online verfügbar unter https://www.destatis.de/DE/Presse/Pressemitteilungen/2023/02/PD23_061_52.html#:~:text=Im%20Vergleich%20zum%20Vorkrisenjahr%202019%20ging%20die%20Zahl%20der%20Neugr%C3%BCndungen,1%20%25%20auf%20rund%20301%20200., zuletzt geprüft am 01.10.2023.

Stocksmeier, D.; Hunnius, S. (2018): OZG-Umsetzungskatalog. Digitale Verwaltugnsleistungen im Sinne des Onlinezugangsgesetzes. Hg. v.]init[AG im Auftrag des Bundesministeriums des Innern, für Bau und Heimat.

Techem (2018): Umzugsquote in den deutschen Bundesländern in den Jahren von 2013 bis 2017. Hg. v. Statista. Online verfügbar unter https://de.statista.com/statistik/daten/studie/309765/umfrage/umzugsquote-nach-bundeslaendern/, zuletzt geprüft am 01.10.2023.

VwVfG (2021): Verwaltungsverfahrensgesetz (VwVfG). Online verfügbar unter https://www.gesetze-im-internet.de/vwvfg/BJNR012530976.html.

Wittmann, Lilith (2021): Wie weit E-Government in Deutschland wirklich ist. Online verfügbar unter https://ozg.verdrusssache.de/, zuletzt geprüft am 14.07.2021.

7 Bewertung E-Government

In diesem Kapitel wird eine Bewertung des aktuellen Sachstands des E-Government in Deutschland im Vergleich vorgenommen. Dafür wird nochmal detailliert auf die Umsetzung auf Basis des Onlinezugangsgesetzes (OZG) genommen und die dort vorgenommene Klassifizierung nach Reifegraden vorgestellt. Anschließend werden verschiedene Studien vorgestellt, die jeweils auch Bewertungen von E-Government-Leistungen vornehmen. Die Studien vergleichen jeweils unterschiedliche Länder oder Städte miteinander. Auf diese Studien ist in Abschn. 6.2 bereits eingegangen worden. Dort sind sie jedoch hinsichtlich der Frage einer Bewertung der vollständigen Umsetzung von E-Government in Deutschland analysiert worden. Nachfolgend wird innerhalb des jeweiligen methodischen Rahmens hingegen der relative Vergleich mit anderen betrachtet. Der E-Government Development Index und der E-Participation Index vergleichen die Mitgliedsländer der Vereinten Nationen. Der Index für digitale Wirtschaft und Gesellschaft (DESI) und der eGovernment Benchmark werden von der Europäischen Kommission herausgegeben und vergleichen die europäischen Mitgliedsländer. Der Government AI Readiness Index von Oxford Insights gibt einen Index an, inwieweit Künstliche Intelligenz in der öffentlichen Verwaltung zur Verfügung steht. Der eGovernment Monitor der Initiative D21 vergleicht Deutschland, Österreich und die Schweiz. Der Smart City Index vergleicht dagegen die Großstädte in Deutschland. Der Fokus der Vergleiche ist jeweils unterschiedlich. Zum Abschluss wird ein Vergleich der unterschiedlichen Bewertungen durchgeführt.

7.1 OZG-Leistungen

Nach dem Onlinezugangsgesetz (OZG) sind Bund und Länder verpflichtet Verwaltungsleistungen auch elektronisch über Verwaltungsportale anzubieten (§ 1 (1) OZG). Die Portale müssen Bund-Länder-übergreifend miteinander zu einem Portalverbund verbunden werden (§ 2 (2) OZG).

Ursprünglich wurde ein Katalog an Leistungen erstellt, die bis Ende 2022 digitalisiert werden sollten (OZG-Umsetzungskatalog) (Stocksmeier und Hunnius 2018). Mittlerweile ist das Dokument veraltet. Es konnte nur ein Teil der zu digitalisierenden Leistungen umgesetzt werden. Aktuelle Informationen finden sich auf der Onlineplattform[1] zum OZG. Hier sind alle Informationen über die zu digitalisierenden Prozesse und den aktuellen Stand der Umsetzung zu finden. Zusätzlich gibt es noch den OZG-Leitfaden[2], der weitergehende Informationen liefert und eine Handreichung zu Konzeption und Durchführung der Verwaltungsdigitalisierung darstellt.

Nach OZG-Leitfaden gibt es folgende Leitlinien für die Umsetzung des OZG:

- User Experience: Die Nutzendenerfahrung ist das zentrale Element, das für die angebotenen Verfahren im Vordergrund für die Umsetzung und Gestaltung steht.
- Lebenslagenorientierung: Auch hier stehen die Nutzenden im Vordergrund. Die angebotenen Leistungen sollen sich an den Lebenslagen der Nutzenden orientierten.
- One Stop: Für die Nutzenden sollen die Behörden im Hintergrund stehen. Nutzende sollen die Services gebündelt zur Verfügung gestellt bekommen.
- Once Only: Informationen und Daten müssen von Nutzenden nur einmal erbracht werden.[3]

Weitere Umsetzungskriterien werden durch den Servicestandard definiert. Siehe.

7.1.1 Leistungskatalog

Die OZG-Leistungen werden den folgenden 14 Themenfeldern und zugehörigen Lebens- und Geschäftslagen zugeordnet (in Klammern steht jeweils die Anzahl der OZG-Leistungen):

In Abb. 7.1 sind die Themenfelder aufgelistet mit der Angabe der Anzahl der verbundenen OZG-Leistungen und eine Aufzählung der Lebens- und Geschäftslagen für die Themenfelder.[4]

---

[1] Vgl. https://informationsplattform.ozg-umsetzung.de/.
[2] Vgl. https://leitfaden.ozg-umsetzung.de/display/OZG/OZG-Leitfaden.
[3] Vgl. https://leitfaden.ozg-umsetzung.de/pages/viewpage.action?pageId=4621605.
[4] Vgl. https://leitfaden.ozg-umsetzung.de/display/OZG/3.1+Digitalisierungsprogramm+IT-Planungsrat.

7.1 OZG-Leistungen

Anzahl OZG-Leistungen	Lebens-/Geschäftslagen						
		Altersvorsorge	Arbeitsplatzwechsel	Finanzielle Existenzsicherung / Unterstützung bei finanziellen Problemen	Rente & Soziale Entschädigung		
36	(Drohender) Arbeitsplatzverlust & -suche						
57	Bauen & Immobilie	Hausbau & Immobilienerwerb	Wohnen & Umzug				
20	Berufsausbildung	Schule	Studium	Weiterbildung			
18	Auswanderung	Einwanderung					
39	Bootsbesitz	Engagement & Beteiligung	Fischen & Jagen	Tierhaltung	Veranstaltung durchführen		
36	Adoption & Pflegekinder	Eheschließung	Geburt	Kinderbetreuung	Scheidung	Trennung mit Kind	
30	Förderung für Bildung & Forschung	Förderung von Kommunen und öffentlichen Einrichtungen	Förderung von Kultur	Förderung von Privatpersonen & Haushalten	Forschung & Entwicklung		
62	Behinderung	Gesundheitsvorsorge	Krankheit	Pflege	Tod		
86	Auslandsaufenthalt	Führerschein	Kfz-Besitz	Logistik & Transport	Luft- und Raumfahrt		
18	Querschnittsleistungen Bürger	Querschnittsleistungen Unternehmen					
18	Gerichtliche und Außergerichtliche Verfahren	Naturkatastrophen	Rechtsverstöße - Anzeigen und Hilfen für Opfer	Weitere Leistungen			
29	Auslandsgeschäft	Steuererklärung	Steuern & Abgaben	umgesetzt			
62	Abfall & Umweltschutz	Anlagen & Stoffe					
71	Arbeitgeber sein	Arbeitssicherheit	Aus-, Weiterbildung & Sachkunde	Ausschreibungen & öffentliche Aufträge	Geschäftsauslösung & Unternehmensübergang	Statistik & Bereichspflichten	Unternehmensstart & Gewerbezulassung

Abb. 7.1 OZG-Leistungen (eigene Darstellung)

Insgesamt gibt es 620 Leistungen, die umgesetzt werden müssen. Die Leistungen werden im Leistungskatalog der öffentlichen Verwaltung (Leika) festgehalten.

7.1.2 Umsetzungsidee

Die Umsetzungsidee für die Leistungen im Rahmen des OZG ist, dass die Themenfelder arbeitsteilig von Bund, Ländern und Kommunen gemeinsam geplant und bearbeitet werden. Der OZG-Leitfaden schlägt Digitalisierungslabore vor. Hier sollen Expertinnen und Experten aus den Bereichen Recht, IT und Organisation Lösungs-Blaupausen und Komponenten entwickeln. Jeweils ein Bundesressort übernimmt zusammen mit einem oder mehreren Ländern ein Themenfeld und bearbeitet es zusammen mit Kommunen und Dienstleistern.

7.1.3 Nachnutzungen

Die im Rahmen der OZG-Umsetzung erstellten Lösungen sollen von Bund, Ländern und Kommunen nachgenutzt werden. Hierfür gibt es drei verschiedene Nachnutzungsmodelle, die im Folgenden vorgestellt werden.

7.1.3.1 Modell „Einer für alle"

Das Modell „Einer für alle" sieht vor, dass eine länderübergreifende Lösung von einem Land oder in Kooperation mehrerer Länder entwickelt wird. Diese Lösung sieht auch vor, dass sie zentral betrieben wird. Da es zentral entwickelt und betrieben wird, kann es bei Anpassungen z. B. bei Gesetzesänderungen auch zentral geändert werden. Zu klären sind bei dem Modell die rechtlich-organisatorischen Verantwortlichkeiten. Der Abstimmungsaufwand ist vor bzw. bei der Erstellung relativ hoch. Aufgrund der zentralen Entwicklung und dem zentralen Betrieb sind die erarbeiteten Lösungen im Regelfall aber auch wirtschaftlicher.

7.1.3.2 Modell „Nachnutzbare Software dezentral betrieben"

Das Modell „Nachnutzbare Software dezentral betrieben" sieht vor, dass die Software zwar zentral entwickelt wird, aber dezentral betrieben wird. Auch hier muss geklärt werden, wie die rechtlichen Rahmenbedingungen für die zentrale Entwicklung sind. Vorteil an diesem Modell zu dem Modell „Einer für alle" ist, dass lokale Anpassungen vorgenommen werden können.

7.1.3.3 Modell „FIM-basierte Eigenentwicklung

Beim Modell „FIM-basierte Eigenentwicklung" werden die Lösungen eigenständig durch Bund, Länder oder Kommunen erstellt. Basis für die Umsetzung ist die

FIM-Stamminformation und OZG-Referenzinformation. Für Informationen zur FIM-Stamminformation siehe. In Abgrenzung zur FIM-Stamminformation enthält die OZG-Referenzinformation eine Beschreibung, wie die Leistung digital angeboten werden soll.[5]

7.1.3.4 Marktplatz der Nachnutzung

Für die Nachnutzung steht der Marktplatz der Nachnutzung innerhalb der OZG-Informationsplattform zur Verfügung. Hier sind die aktuellen Aktivitäten gelistet, die im Rahmen der OZG-Umsetzung in Arbeit sind. Des Weiteren können auch bereits fertiggestellte Services gelistet werden.[6]

7.1.4 Basiskomponenten

Basiskomponenten werden zentral zur Verfügung gestellt. Eine Übersicht der Basiskomponenten findet sich in Abb. 7.2.[7]

7.1.5 OZG-Reifegradmodell

Auf der OZG-Informationsplattform werden für die OZG-Leistungen Reifegrade angegeben. Folgende Reifegrade werden verwendet:

- „Reifegrad 0: Auf der Behörden-Webseite sind keine Informationen zur Leistung vorhanden.
- Reifegrad 1: Auf der Behörden-Webseite sind Informationen zur Leistung vorhanden.
- Reifegrad 2: Eine Online-Beantragung ist grundsätzlich möglich. Nachweise können regelmäßig noch nicht online übermittelt werden.
- Reifegrad 3: Die Beantragung der Leistung kann einschließlich aller Nachweise online abgewickelt werden.
- Reifegrad 4: Die Leistung kann vollständig digital abgewickelt werden. Für Nachweise wird das Once-Only Prinzip umgesetzt."[8]

---

[5] Vgl. https://www.onlinezugangsgesetz.de/Webs/OZG/DE/service/faq/faq-node.html.
[6] Vgl. https://informationsplattform.ozg-umsetzung.de/iNG/app/legal?url=..%2F..%2FTemp%2Fmarketplace.html&nav=RegKO_RO&tb=legal.
[7] Vgl. https://leitfaden.ozg-umsetzung.de/display/OZG/11+Basiskomponenten.
[8] Vgl. https://informationsplattform.ozg-umsetzung.de/.

Kategorie		Lebens-/Geschäftslagen			
			OZG-PLUS Postfach	Berechtigungssteuerung	Interoperabilität Landeskonten und Bundeskonto (FINK)
Digitale Identität, Konten & Postfächer	BundID	Zentrales Bürgerpostfach (ZBP)	Mein Unternehmenskonto			
Bezahldienste	Standardschnittstelle Bezahldienste (ePayment)	Hausbau & Immobilienerwerb	Wohnen & Umzug		
Routing & Transporting	OSCI/XTA-Infrastrukturen	DVDV (Diensteverzeichnis)	Zuständigkeitsfinder (XZuFi)	FIT-Connect	EfA-Parametrisierung
Portale & Plattformsysteme	Online Gateway (PVOG)	Verwaltungsportal Bund (VPB)	Open Source Plattform der Öffentlichen Verwaltung	Modul-F	
Feedback & Statistik	Zentrale Statistikkomponente (ZSK)	Nationale Feedbackkomponente (NFK)			
Optionale Komponenten	Nachweisabruf (BKN)	Geodigitalisierungskomponente (GDIK)	Signatur & Siegeldienst	Datenschutzcockpit	Statusmonitor	Supportkomponente

Abb. 7.2 OZG-Basiskomponenten (eigene Darstellung)

7.2 E-Government Development Index (EGDI) der Vereinten Nationen

Reifegrad	Anzahl von 620	In Prozent
Reifegrad noch offen	8	1,3%
Reifegrad 0	0	0,0%
Reifegrad 1	1	0,2%
Reifegrad 2	7	1,1%
Reifegrad 3	20	3,2%
Reifegrad 4	2	0,3%
Summe:	38	6,1%

Abb. 7.3 Verfügbare Online-Services (eigene Darstellung)

In Abb. 7.3 ist dargestellt, welche der umgesetzten Services welchen Reifegrad haben.[9] Insgesamt sind von den 620 umzusetzenden Services lediglich 38 umgesetzt. Das entspricht 6,1 %. Lediglich 2 haben den höchsten Reifegrad 4 erlangt. 20 Services (3,2 %) haben den Reifegrad 3 erreicht. Insgesamt zeigt sich, dass fast keine Services digitalisiert wurden und nur für zwei Services gilt, dass die Leistung vollständig digital angeboten wird. Hier zeigt sich die extrem geringe Umsetzung der Digitalisierung in Deutschland.

7.2 E-Government Development Index (EGDI) der Vereinten Nationen

Der E-Government Development Index (EGDI) wird von den Vereinten Nationen herausgegeben und gibt über die Entwicklung des E-Government der UN-Mitgliedsstaaten Auskunft. Ziel ist es, die UN-Mitgliedsstaaten zu vergleichen. Es wird der Mittelwert der Kategorien Online Services, Telekommunikationsinfrastruktur und des Human Capital Index berechnet.[10] Der Human Capital Index wird von der Weltbank berechnet.[11] Er gibt an, wie hoch das Bildungskapital eines jetzt geborenen Kindes zum Zeitpunkt seines achtzehnten Geburtstags ist.[12]

Unter allen Mitgliedstaaten belegt Deutschland aktuell den Platz 22 von 193 im Jahr 2022. Für eine Übersicht des Rangs von 2003 bis 2023 siehe Abb. 7.4.

Es ist erkennbar, dass Deutschland vor allem seit 2018 schlechtere Ergebnisse erzielt. Es ist zu erkennen, dass offenbar andere Länder Fortschritte im Bereich der

---

[9] Vgl. https://informationsplattform.ozg-umsetzung.de/
[10] Vgl. https://publicadministration.un.org/egovkb/en-us/About/Overview/-E-Government-Development-Index.
[11] Vgl. https://www.worldbank.org/en/publication/human-capital.
[12] Vgl. https://www.worldbank.org/en/publication/human-capital/brief/the-human-capital-project-frequently-asked-questions?cid=GGH_e_hcpexternal_en_ext#HCI8.

Jahr	Rang
2022	22
2020	25
2018	12
2016	15
2014	21
2012	17
2010	15
2008	22
2005	11
2004	12
2003	9

Abb. 7.4 EGDI-Rang (eigene Darstellung)

Digitalisierung erzielen, Deutschland dies aber nicht gelingt und deswegen schlechter abschneidet. Dänemark, Finnland, Korea, Neuseeland, Island, Schweden, Australien, Estland, Niederlande und USA belegen die ersten 10 Plätze beim EGDI.[13]

Online Service Index

Für die hier betrachteten Themen ist die Kategorie Online Services die entscheidendste, da hier die Online Services der UN-Mitgliedsstaaten gemessen werden. Dabei werden 180 Fragen, die jeweils mit ja oder nein beantwortet werden können, von Expertinnen und Experten beurteilt, die als Basis die Online-Auftritte der Länder heranziehen. Es wird also auf Basis der Online-Auftritte geprüft, welche Services von dem jeweiligen Land zur Verfügung stehen (Vereinte Nationen 2022).

Um eine bessere Einschätzung zu bekommen, wie gut die Services erfüllt werden, wird für einen Teil der Fragen eine Skala von 0 bis 3 zur Beantwortung verwendet (Vereinte Nationen 2022):

- Bewertung 0: Der Service ist nicht verfügbar.
- Bewertung 1: Es gibt Informationen zu dem Service oder auch ein Formular, aber weitere Schritte können nicht online abgewickelt werden.
- Bewertung 2: Der Service steht komplett online zur Verfügung.
- Bewertung 3: Alle damit zusammenhängenden Schritte (wie z. B. Bezahlung, Bereitstellung von Dokumenten) können online abgewickelt werden.

Die Fragen sind fünf Kategorien zugeordnet, die wiederum nach der Menge der Fragen gewichtet sind, sodass am Ende jede Frage mit gleicher Gewichtung in den Index eingeht (Vereinte Nationen 2022):

---

[13] Vgl. https://publicadministration.un.org/egovkb/Data-Center.

7.2 E-Government Development Index (EGDI) der Vereinten Nationen

- Institutioneller Rahmen (10 %)
- Erbringung von Dienstleistungen (45 %):
- Bereitstellung von Inhalten (5 %):
- Technologie (5 %):
- E-Participation (35 %):

Siehe Abb. 7.5 für die Ergebnisse des Online Service Index:

Deutschland belegt den 43. Platz von 193. Auf den ersten Plätzen liegen Estland, Finnland, Korea und Dänemark.

Rang	Land
1	Estland
2	Finnland
3	Korea
4	Dänemark
5	Singapur
6	Neuseeland
7	Australien
8	USA
9	Japan
10	Niederlande
11	Vereinte Arabische Emirate
12	Schweden
13	Brasilien
14	China
15	Island
16	Großbritannien
17	Malta
18	Österreich
19	Frankreich
20	Israel
21	Slowenien
22	Italien
...	...
43	Deutschland

Abb. 7.5 Online Service Index der Vereinten Nationen (eigene Darstellung)

7.3 E-Participation Index der Vereinten Nationen

Der E-Participation Index wird ebenfalls von den Vereinten Nationen herausgegeben und stellt eine Ergänzung zum EGDI dar. Der E-Participation Index betrachtet drei Kategorien. Als erstes wird der Bereich E-Information mit einbezogen. Hier wird festgestellt, inwieweit öffentliche Informationen den Bürgerinnen und Bürgern zur Verfügung gestellt werden. Als zweite Kategorie wird der Bereich E-Consultation einbezogen. Hier wird geprüft, wie die Bürgerinnen und Bürger in Entscheidungsprozesse der Politik und öffentlichen Verwaltung einbezogen werden. Die dritte Kategorie betrachtet E-Decision-Making, dies betrifft den Bereich, wie Bürgerinnen und Bürger aktiv Entscheidungen mitgestalten können.[14]

Unter allen UN-Mitgliedstaaten erreicht Deutschland den Rang 32 von 193 im Jahr 2022. Für eine Übersicht des Rangs von 2003 bis 2023 siehe 6.

Feststellbar sind hohe Schwankungen über die einzelnen Jahre vor allem das Jahr 2020 mit einem Rang von 57 und das Jahr 2008 mit einem Rang von 74 stechen heraus. Im Jahr 2022 erreichten die Länder Japan, Australien, Estland, Singapur, Niederlande Neuseeland, Finnland, Großbritannien und Nordirland, Korea und die USA die ersten 10 Plätze.[15]

Ähnlich wie beim EGDI erreicht Deutschland eher mittelmäßige Ergebnisse.

7.4 Digital Economy and Society Index (DESI) der Europäischen Kommission

„Der Index für digitale Wirtschaft und Gesellschaft (DESI) fasst Indikatoren für die digitale Leistung Europas zusammen und verfolgt die Fortschritte der EU-Länder"[16]. D. h. im Vergleich zum EGDI liegt der Fokus hier auf den europäischen Ländern. Der Index wird durch die Europäische Kommission berechnet.

Für die Berechnung werden folgende Dimensionen betrachtet (Europäische Kommission 2022a):

- Human Capital
  - Internetnutzerkompetenzen
  - Fortgeschrittene Kompetenzen und Entwicklung
- Konnektivität
  - Breitbandgeschwindigkeit
  - Breitbandabdeckung

---

[14] Vgl. https://publicadministration.un.org/egovkb/en-us/About/Overview/E-Participation-Index.
[15] Vgl. https://publicadministration.un.org/egovkb/Data-Center.
[16] Vgl. https://digital-strategy.ec.europa.eu/de/policies/desi#:~:text=Der%20Index%20f%C3%BCr%20digitale%20Wirtschaft%20und%20Gesellschaft%20(DESI)%20fasst%20Indikatoren,Wirtschaft%20und%20Gesellschaft%20(DESI).

    - Mobile Breitbandabdeckung
    - Breitbandkosten
- Integration der Digitaltechnik
    - Digitaltechnologien für die Wirtschaft
    - E-Commerce
- Digitale öffentliche Verwaltung
    - E-Government

D. h. E-Government ist ein Themenbereich des DESI. Deutschland erreicht den Platz 13 von 27 Plätzen beim DESI und liegt damit im Mittelfeld. Im Bereich E-Government erreicht Deutschland den 18. Platz von 27 und liegt damit im unteren Bereich. Im Bereich E-Government werden folgende Kategorien betrachtet (Europäische Kommission 2022b):

- Nutzende, die in den letzten 12 Monaten über das Internet mit der öffentlichen Verwaltung in Kontakt getreten sind.
- Wie viele bekannte Daten werden in Formularen für die Nutzenden vorausgefüllt
- Digitale Angebote der öffentlichen Verwaltung für Bürgerinnen und Bürger
- Digitale Angebote der öffentlichen Verwaltung für die Wirtschaft
- Open-Data-Angebote
- Nutzendenzentriertheit
- Transparenzstatus
- Digitale Schlüsselverwaltung zur Identifikation
- Digitale Services für Nutzende aus anderen europäischen Ländern[17]

Siehe Abb. 7.6 für das Ranking im Bereich E-Government (Europäische Kommission 2022c).

7.4.1 Einflussfaktoren auf die Bewertung des E-Government

Es kann sich die Frage gestellt werden, ob es weitere Einflussfaktoren gibt, die auf den erzielten Wert im Bereich E-Government wirken. Leogrande et al. haben untersucht, welche Werte, die nicht originär in den E-Government-Index mit einfließen, mit dem Wert von E-Government korrelieren. Dafür haben sie Daten des DESI der Jahre 2016 bis 2021 ausgewertet und überprüft, welche anderen Werte Einfluss auf den E-Government-Index haben. Folgende Werte besitzen eine negative Korrelation, d. h. wenn der eine Wert steigt, dann fällt der andere Wert (Leogrande et al. 2022):

- Big Data

---

[17] Vgl. https://de.statista.com/statistik/daten/studie/1243006/umfrage/digitalisierungsgrad-der-eu-laender-nach-dem-desi-index/.

Jahr	Rang
2022	32
2020	57
2018	23
2016	27
2014	24
2012	8
2010	14
2008	74
2005	15
2004	15
2003	15

Abb. 7.6 E-Participation Index (eigene Darstellung)

- E-Rechnung
- Weibliche IT-Spezialistinnen
- Breitbandabdeckung

Positiv korrelieren die folgenden Werte, d. h. ein hoher Wert der einen Variable korrespondiert zu einem hohen Wert der anderen Variabel:

- Breitbandabdeckung mit mindestens 1 Gbps
- Breitbandabdeckung mit mindestens 100 Mbps
- Digitale Nutzung von Services durch Unternehmen
- Cloudnutzung
- Nutzung Künstlicher Intelligenz
- Nutzung von IT-Infrastruktur zur Förderung der Nachhaltigkeit
- E-Government-Nutzende
- Open Data
- IT-Spezialisten und -Spezialistinnen
- Abdeckung mit Very High-Capacity Networks

7.5 eGovernment Benchmark der Europäischen Kommission

Der eGovernment Benchmark wird von der Europäischen Kommission herausgegeben. In der Studie werden vier Dimensionen mit 14 Indikatoren betrachtet (Europäische Kommission):

7.5 eGovernment Benchmark der Europäischen Kommission

- Nutzendenzentriertheit: Umfang, in dem Online-Services zur Verfügung stehen, digital unterstützt werden und kompatibel mit mobilen Endgeräten sind.
- Transparenz: Umfang, in dem Services transparent zur Verfügung stehen, mit Nutzenden entwickelt wurden und Nutzende ihre Daten selbst verwalten können.
- Schlüsselelemente: Umfang, in dem digitale Tools für die Identifikation und Kommunikation zwischen Nutzenden und der Verwaltung zur Verfügung stehen.
- Grenzübergreifende Dienste: Umfang, in dem Nutzende aus anderen europäischen Ländern Services digital in Anspruch nehmen können.

Bei der eGovernment Reife, die aus dem Mittel der vier Dimensionen berechnet wird, belegt Deutschland den 21. Platz von 36 Ländern. D. h. Deutschland erreicht einen niedrigen mittleren Wert. Der Spitzenreiter Malta erreicht 96 % Deutschland dagegen lediglich 63 %. Der geringste Wert wird von Montenegro und Nord Mazedonien mit 35 % erreicht. D. h. die Schwankungsbreite ist relativ groß. Siehe Abb. 7.7 (Europäische Kommission).

Rang	Land
1	Estland
2	Finnland
3	Malta
4	Niederlande
5	Spanien
6	Irland
7	Luxemburg
8	Dänemark
9	Schweden
10	Litauen
11	Lettland
12	Österreich
13	Slowenien
14	Portugal
15	Frankreich
16	Belgien
17	Tschechien
18	Deutschland
...	...
27	Rumänien

Abb. 7.7 E-Government-Index des DESI (eigene Darstellung)

7.6 Government AI Readiness Index

Der Government AI Readiness Index von Oxford Insights misst für 181 Länder die Fähigkeit, Künstliche Intelligenz in der öffentlichen Verwaltung einzusetzen. Es werden 39 Indikatoren gemessen, die 3 Säulen zugeordnet werden können (Oxford Insights 2022):

- Government: Die Regierung sollte eine Vision und Strategie haben, wie Künstliche Intelligenz entwickelt und verwaltet wird. Dies umfasst auch die ethischen Aspekte.
- Technology Sector: Der Technologiesektor muss die Regierung mit den Technologien im Bereich der Künstlichen Intelligenz unterstützen. Der Technologiesektor muss ein hohes Innovationspotential haben.
- Daten und Infrastruktur: Für Technologien im Bereich der Künstlichen Intelligenz müssen die entsprechenden Daten in geeigneter Qualität zur Verfügung stehen.

Rang	Land
1	Malta
2	Estland
3	Luxemburg
4	Island
5	Niederlande
6	Finnland
7	Dänemark
8	Litauen
9	Lettland
10	Norwegen
11	Spanien
12	Portugal
13	Österreich
14	Belgien
15	Schweden
16	Türkei
17	Irland
18	Frankreich
19	Slowenien
20	Ungarn
21	Deutschland
...	...
35	Montenegro

Abb. 7.8 eGovernment Benchmark der Europäischen Kommission (eigene Darstellung)

7.7 „Initiative D21"-Digitalisierungsindex

Government	Technologiesektor	Daten und Infrastruktur
• Anpassungsfähigkeit • Digitale Kapazität • Governance und Ethik • Vision	• Reife • Innovationskapazität • Human Capital	• Datenrepräsentativität • Datenverfügbarkeit • Infrastruktur

Abb. 7.9 Government AI Readiness Index (eigene Darstellung)

Siehe Abb. 7.8 für eine Darstellung, welche Bereiche in die drei Säulen einfließen und Abb. 7.9 für das Ranking der ersten 24 Länder.

Deutschland belegt Platz 15. Unter den ersten zehn Plätzen sind weniger als die Hälfte der Länder aus Westeuropa.

7.7 „Initiative D21"-Digitalisierungsindex

Die „Initiative D21" ist ein gemeinnütziger Verein und stellt ein Netzwerk für die Digitale Gesellschaft, bestehend aus Wirtschaft, Politik, Wissenschaft und Zivilgesellschaft, dar.[18]

Die Initiative D21 gibt zum einen den D21-Digital-Index und zum anderen den eGovernment Monitor heraus. Der Digital-Index gibt Aufschluss über die Digitalkompetenzen der Bevölkerung. Es werden aber keine Verbindungen zur Verwaltung gezogen. Aus diesem Grund wird hier nur auf den EGovernment Monitor eingegangen.

7.7.1 eGovernment Monitor

Der eGovernment Monitor untersucht die digitalen Verwaltungsleistungen in Deutschland, Österreich und der Schweiz.

Die E-Government-Nutzung liegt in Deutschland im Jahr 2022 bei 54 %, im Vergleich zu Österreich mit 72 % und der Schweiz mit 61 %. Die Werte geben an, wie viel Prozent der Bevölkerung in den letzten 12 Monaten digitale Verwaltungsleistungen in Anspruch genommen hat (Initiative D21 e. V. und Technische Universität München 2022).

In Deutschland wird nur von 43 % der Befragten angegeben, Services online genutzt zu haben. In Österreich beträgt der Wert 58 % und in der Schweiz 54 %. (Initiative D21 e. V. und Technische Universität München 2022) D. h. auch hieraus geht hervor, dass im Vergleich zu Österreich und der Schweiz weniger Online-Services genutzt werden. Dies kann entweder daran liegen, dass die Services nicht zur Verfügung stehen, der Service nicht bekannt ist oder die Hemmschwelle zur Nutzung zu hoch ist.

Insgesamt zeigt sich, dass Deutschland auch hier in Vergleich zu Österreich und der Schweiz schlechter abschneidet.

---

[18] Vgl. https://initiatived21.de/uber-uns/.

7.8 Smart City Index

Der Smart City Index wird von der Bitkom erstellt. Die Bitkom e. V. ist der Branchenverband der deutschen Informations- und Telekommunikationsbranche.

Mit dem Smart City Index werden die deutschen Großstädte mit mindestens 100.000 Einwohnerinnen und Einwohner hinsichtlich der digitalen Angebote bewertet. Das sind aktuell 81 Großstädte. Dafür werden fünf Themenbereiche mit 36 Indikatoren betrachtet (Bitkom e. V. 2022b):

- Verwaltung
- IT und Kommunikation
- Energie und Umwelt
- Mobilität
- Gesellschaft

Als Basis werden öffentlich zugängliche Datenquellen genutzt, d. h. Datenquellen, die über das Internet verfügbar ist. Zur Validierung wurden die Ergebnisse den Städten nochmal zur Überprüfung zur Verfügung gestellt (Bitkom e. V. 2022a).

Im Bereich Verwaltung wurden folgen Kernergebnisse ermittelt:

- Online-Terminvereinbarung in 66 % aller Behörden möglich.
- Kfz-Zulassung ist online in 91 % der Großstädte möglich.
- Gewerbeanmeldung kann in 79 % der Großstädte online erfolgen.
- Ummeldung ist nur in 17 % der Großstädte möglich.
- Bündelung in einem Serviceportal in 73 % der Großstädte.
- E-Payment ist in 94 % der Städte möglich.

Aus den anderen Themenbereichen sind folgende Kernergebnisse mit Bezug zum E-Government zu sehen:

- Smart-City-Dashboards stehen in 35 % der Großstädte zur Verfügung.
- Datenplattformen für Wirtschaft und Politik bieten 40 % der Großstädte an.
- Bürgerbeteiligungsplattformen bieten 63 % der Großstädte an.
- Open-Data-Portale bieten 74 % der Großstädte an.

(Bitkom e. V. 2022b)

Es ist festzustellen, dass es schon einige auch wesentliche Angebote gibt, die großflächig online zur Verfügung stehen. Dies gilt z. B. für die Kfz-Zulassung. Bei anderen wichtigen Angeboten wie der Ummeldung ist dies bisher nur in wenigen Großstädten möglich. Man kann aber davon ausgehen, dass in den Bereichen in den nächsten Jahren die Angebote noch erheblich zunehmen werden.

7.9 Reifegradmodelle

Wie auch in anderen Bereichen, wurden auch im Bereich E-Government Reifegradmodelle eingeführt. Das bekannteste wurde von Layne und Lee im Jahr 2001 eingeführt (Layne und Lee 2001).

Das Modell besteht aus vier Reifegradstufen, in denen die folgenden Services verfügbar sind (Layne und Lee 2001):

- Stufe 1 (Katalog):
  - Online-Präsenz
  - Katalog mit Services
  - Formulare zum Download
- Stufe 2 (Transaktionen):
  - Services und Formulare sind online verfügbar
  - Es gibt eine Datenbank, die Online-Services unterstützt
- Stufe 3 (Vertikale Integration):
  - Lokale Systeme sind zu übergeordneten Systemen verlinkt
  - Es gibt gleiche Funktionalitäten
- Stufe 4 (Horizontale Integration):
  - Systeme sind integriert übergreifend über verschiedene Funktionen
  - Bürgerinnen und Bürger finden alle Services an einem Ort

Mit steigendem Reifegrad steigt die technologische und organisatorische Komplexität. Siehe auch Abb. 7.10.

In der Stufe 1 sind alle Services noch offline verfügbar. Zusätzlich sollen aber im Internet Informationen über Services zur Verfügung stehen und Formulare zum Download bereitstehen. In der zweiten Stufe stehen alle Services online zur Verfügung. In der dritten Stufe sind lokale Systeme über ein zentrales System erreichbar. Es gibt aber immer noch gleiche Funktionalitäten, die von verschiedenen lokalen Systemen angeboten werden. Das heißt das zentrale System bietet einen Einstieg für Nutzende, leitet dann aber an unterschiedliche und unabhängige dahinterliegende Systeme weiter. Erst in der vierten Stufe gibt es ein zentrales System, das übergreifend die Systeme zur Verfügung stellt. Die lokalen Systeme sind horizontal miteinander verbunden (Layne und Lee 2001).

Andersen und Henriksen führten das Public-Sector-Process-Rebuilding-Modell (PPR-Modell) ein. Das Modell ist eine Erweiterung des Modells von Layne und Lee und lenkt den Fokus weg vom technisch-organisatorischen hin zu einer aktivitäts- und nutzendenzentrierten Sichtweise. Folgende Reifegrade (Phasen) definierten Andersen und Henriksen (Andersen und Henriksen 2006):

- Phase I (Kultivierung):
  - Horizontale und vertikale Integration in Verwaltung und Regierung
  - System mit Benutzeroberfläche

Government AI Readiness Index	
Rang	Land
1	USA
2	Singapur
3	Großbritannien
4	Finnland
5	Kanada
6	Korea
7	Frankreich
8	Australien
9	Japan
10	Niederlande
11	Dänemark
12	Norwegen
13	Schweden
14	Taiwan
15	**Deutschland**
16	Österreich
17	China
18	Irland
19	Estland
20	Israel
21	Belgien
22	Vereinte Arabische Emirate
23	Schweiz
24	Italien

Abb. 7.10 Government AI Readiness Index (eigene Darstellung)

- Einsatz und Nutzung des Intranets
- Phase II (Erweiterung):
  - Umfassende Nutzung des Intranets
  - Personalisierte Web-Oberfläche für Kundenprozesse
- Phase III (Reife):
  - Aufgeben des Intranets durch Verschmelzen mit dem Internet
  - Verantwortliche und transparente Prozesse
  - Personalisierte Web-Oberfläche für Kundenprozesse
- Phase IV (Revolution):
  - Organisationsübergreifende Nutzung von Daten
  - Anwendungen sind Anbietenden übergreifend
  - Verantwortlichkeit für Daten, die zu den Nutzenden transferiert werden

7.9 Reifegradmodelle

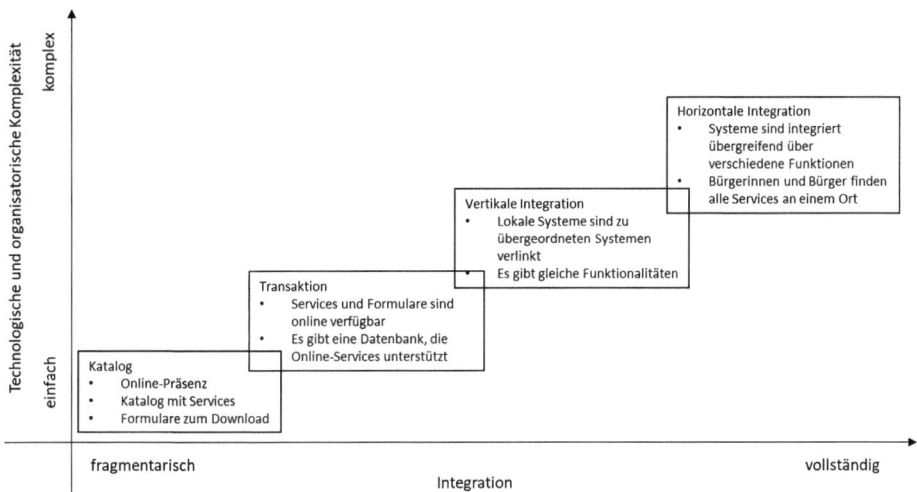

Abb. 7.11 Stufenmodell nach Layne und Lee (eigene Darstellung nach K. Layne, J. W. Lee 2001)

Siehe auch Abb. 7.11 für eine Verdeutlichung.

Genauso wie das Modell von Layne und Lee gibt es vier Stufen oder Phasen. In der ersten Phase ist die öffentliche Verwaltung schon horizontal und vertikal integriert. Es gibt ein System für die Nutzenden, das über eine Benutzeroberfläche bedienbar ist. In der zweiten Phase wird das Intranet umfassend genutzt und Kundenportale eingerichtet. In der dritten Phase werden die Services der Behörden miteinander verschmolzen. Die Kundenportale werden noch zentraler und wichtiger, sodass die Kunden möglichst selbstständig die Services nutzen können. In der letzten Phase werden Daten organisationsübergreifend genutzt. Es entstehen organisationsübergreifende Angebote (Andersen und Henriksen 2006).

Ein weiteres Modell ist das von Scholta et al. Dies setzt als Basis auf dem Vorhandensein eines One-Stop-Portals an:

- Stufe 1 (One-Stop Shop)
  - Einheitliche Formulare
  - Nutzung über die digitale Identität
  - Nutzende stoßen Services an
- Stufe 2 (Limited No-Stop Shop)
  - Einheitliche Formulare
  - Leistungen werden proaktiv und vorausschauend den Nutzenden angeboten
  - Nutzung über die digitale Identität
- Stufe 3 (No-Stop Shop)
  - Formulare werden nicht mehr benötigt
  - Leistungen werden proaktiv und vorausschauend den Nutzenden angeboten
  - Nutzung über die digitale Identität

D. h. als Grundmodell wird ein Portal angenommen, in dem die E-Government-Dienste integriert sind. Genutzt wird das Portal mithilfe einer digitalen Identität, d. h. die Daten liegen zentral und sind über die digitale Identität mit den Nutzenden verknüpft. Die Nutzenden stoßen die Services an. In der zweiten Stufe müssen die Leistungen nicht mehr proaktiv durch die Nutzenden angestoßen werden, sondern werden proaktiv und vorhersehend den Nutzenden angeboten. Ein Beispiel kann sein, dass nach der Geburt eines Kindes automatisch die Auszahlung des Kindergeldes erfolgt und Angebote zur Kinderbetreuung gemacht werden. In der Stufe 3 fällt die Nutzung von Formularen weg. Es ist ein vollintegriertes Portal, das alle Funktionalitäten enthält. (Scholta et al.)

Zentrales Element sind die Daten. Hier wird zwischen drei Dimensionen unterschieden (Scholta et al.):

- Sammlung und Bereitstellung der Daten:
  - Individuelle Formulare
  - Einheitliche Formulare (Stufe 1 und 2)
  - Keine Formulare (Integration in die Systeme) (Stufe 3)
- Integration der gesammelten Daten
  - Nur innerhalb einer Organisation
  - Organisationsübergreifend
  - Zentral über die digitale Identität (Stufe 1, 2 und 3)
- Zweck der Datennutzung
  - Reaktive Nutzung der Daten (Stufe 1)
  - Proaktive Nutzung der Daten (Stufe 2 und 3)
  - Vorausschauende Nutzung der Daten (Stufe 2 und 3)

Im Vergleich zu den Modellen von Layne und Lee und Andersen und Henriksen kann festgestellt werden, dass in dem Modell von Scholta et al. wenig zu technisch-organisatorischen Gegebenheiten und auch wenig zum Nutzenden gesagt wird. Die Daten stehen als zentrales Element der Bewertung im Vordergrund.

Neben den hier aufgeführten, gibt es eine Vielzahl von weiteren Modellen. Für eine Übersicht sei auf Meyerhoff Nielsen verwiesen (Meyerhoff Nielsen 2017).

Jedes Modell hat dabei seine Daseinsberechtigung. Es kommt sehr auf die Sichtweise an, die angenommen wird und die Schwerpunkte die gesetzt werden.

In diesem Buch wird ein weiteres Modell vorgestellt, das mehrere Sichweisen vereint. Es bezieht sich auf das Entwicklungsstufenmodell nach Wirtz (2022). Zum einen wird die inhaltliche Perspektive betrachtet. D. h. es wird aus der Sicht der Nutzenden bewertet, welche Services zur Verfügung stehen und wie diese angeboten werden. Zudem wird eine eher technische Perspektive mit einbezogen, in dem die Datenhaltung bewertet wird. Eine vollständige Digitalisierung und weitestgehende Automatisierung kann nur erfolgen, wenn es eine zentrale Speicherplattform gibt und keinerlei redundante Daten vorhanden sind. Beispiele wie Estland haben diesen Ansatz erfolgreich bewiesen. Siehe auch Abschn. 9.3. Als dritte Perspektive wird die Verarbeitung der Daten betrachtet und bewertet.

7.9 Reifegradmodelle

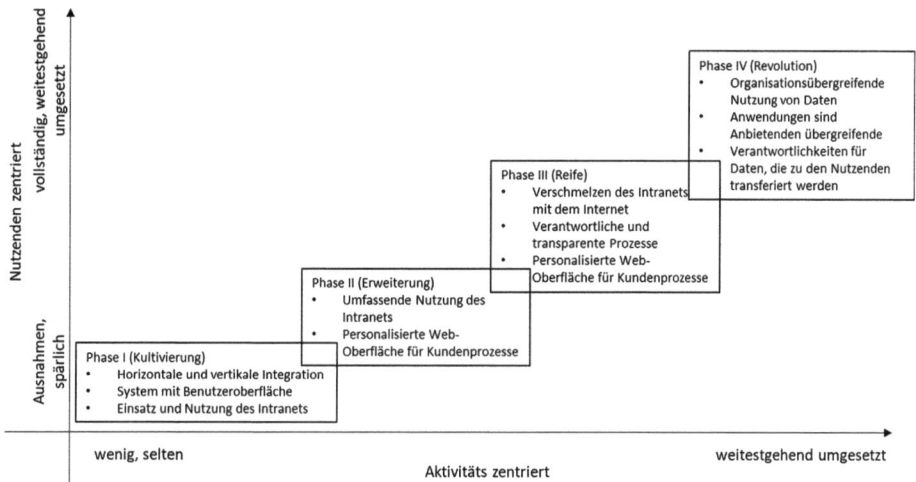

Abb. 7.12 Phasenmodell von Andersen und Henriksen (eigene Darstellung nach Andersen und Henriksen 2006)

Das Modell besteht aus vier Stufen, wobei die Stufen 3 und 4 in jeweils drei weitere Stufen unterteilt sind. Hintergrund ist, dass gerade die Stufen 1 und 2 zukünftig gar nicht mehr existieren sollten und dann der Fokus sich auf die Stufen 3 und 4 lenken sollte. Siehe Abb. 7.12.

Die Stufen 1 und 2 stellen die ersten Stufen der Digitalisierung dar. Die Stufe 1 beinhaltet lediglich eine digitale Bereitstellung von Informationen. Es finde keine Verarbeitung von Daten statt. Als Beispiele finden sich reine Informationsseiten, auf denen lediglich auf analoge Funktionen verwiesen werden.

In der Stufe 2 gibt es zusätzlich zu den statischen Angeboten digitale Kommunikationsmöglichkeiten und die digitale Übertragung von Informationen. Es wird aber weiterhin keine digitale Verarbeitung von Daten angeboten.

Erst in den Stufen 3 und 4 kann von einer wirklichen Digitalisierung und Automatisierung gesprochen werden. Siehe Abb. 7.13 und 7.14.

In der Stufe 3 werden Prozesse digitalisiert. Hierbei werden Daten, Anträge und Bescheide digital übertragen und manuelle Bearbeitung wird durch digitale Verarbeitung sukzessive ersetzt. Die Stufe untergliedert sich in drei Teilstufen. In der Stufe 3a erfolgt die Übertragung der Daten meist nur vom Antragstellendem digital. Der Rückkanal erfolgt analog. Die Verarbeitung der Daten erfolgt hier auch weiterhin manuell. In der Stufe 3b wird dann der komplette Datenaustausch digital vorgenommen. In der Stufe 3c ist eine bzw. mehrere Speicherplattformen vorhanden, in denen Daten gespeichert werden können.

Erst in Stufe 4 erfolgt eine Automatisierung der Prozesse. Auch diese Stufe unterteilt sich in drei weitere. In Stufe 4a wird eine automatische Bescheiderstellung ermöglicht,

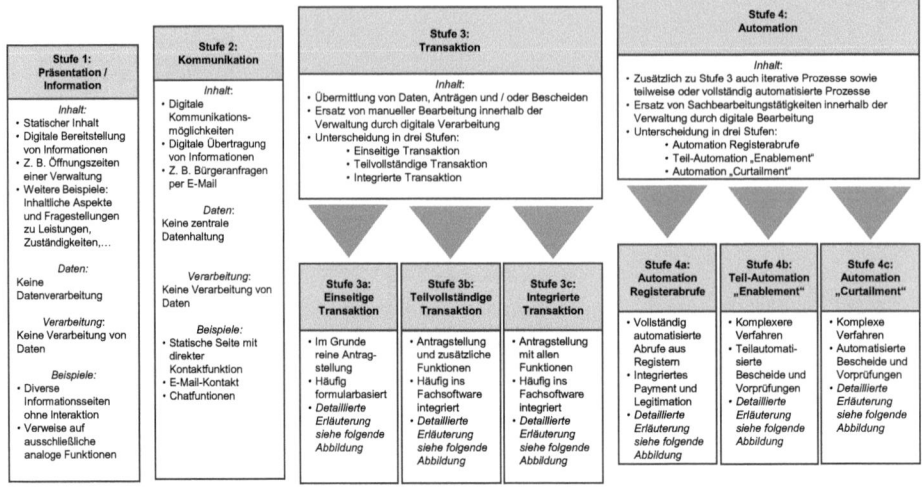

Abb. 7.13 E-Government Reifegrade (eigene Darstellung)

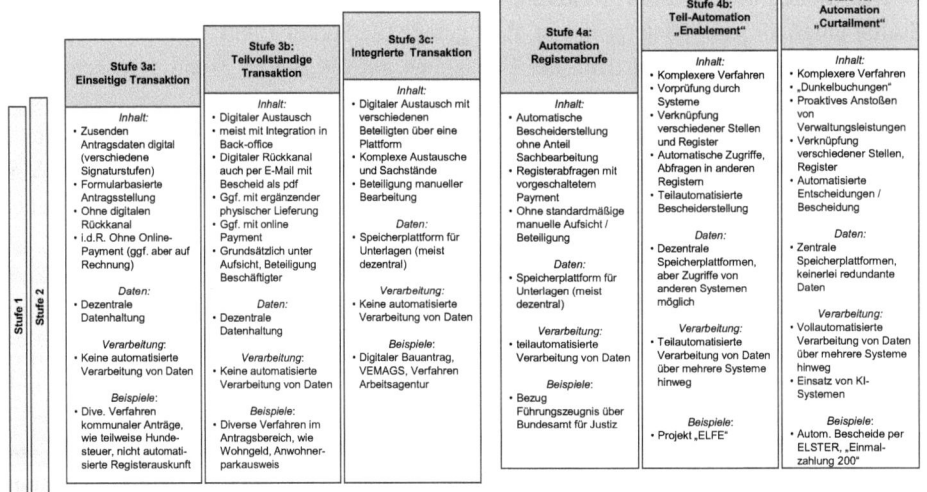

Abb. 7.14 E-Government Reifegrade Detail (eigene Darstellung)

dies aber nur, bei Bescheiden oder Urkunden, bei denen keine Sachbearbeitung erforderlich ist. In der Stufe 4b werden Tätigkeiten der Sachbearbeitung teilautomatisiert. Die Stufe 4c ermöglicht dann auch eine (vollständige) Automatisierung von komplexeren Verfahren. Dies wird z. B. auch durch den Einsatz von Systemen der Künstlichen Intelligenz möglich.

7.10 IT-Konsolidierung Bund

Laut Bundesministerium des Innern und für Heimat reorganisiert und modernisiert die Bundesverwaltung durch die IT-Konsolidierung Bund ihr internen digitalen Verfahren und Prozesse und macht sie bereit für die Zukunft.[19] Durch den Zusatz „macht sie bereit für die Zukunft" wird suggeriert, dass nicht nur die bestehenden digitalen Verfahren und Prozesse modernisiert werden, sondern dass ebenfalls eine Weiterentwicklung stattfindet.

Im Grobkonzept zur IT-Konsolidierung Bund sind folgende umzusetzende Maßnahmen aufgeführt[20]:

- Aufbau einer Bundescloud, insb. für Office-Anwendungen, einschließlich Aufbau eines Angebots an standardisierten IT-Betriebsdienstleistungen und einer Basisdiensteplattform Bund,
- Entwicklung und Einführung eines Standard-Clients für die Bundesverwaltung,
- Entwicklung und Einführung Basisdienst E-Akte und eines Workflow-Systems,
- Entwicklung und Einführung eines digitalen Zwischenarchivs,
- Aufbau einer Kollaborationsplattform (Social Intranet),
- Aufbau einer ressortübergreifenden Plattform für die elektronische Gesetzgebung,
- Entwicklung und Einführung eines übergreifenden Identitätsmanagementsystems,
- Konsolidierung der Personalverwaltungssysteme.

Hieraus wird deutlich, dass interne Prozesse digitalisiert werden sollen. Ein Angebot für Externe (z. B. für Bürgerinnen und Bürger) geht daraus nicht mittelbar hervor.

Es wird ersichtlich, dass die IT-Konsolidierung Bund nicht als primäres Ziel die Digitalisierung oder digitale Transformation in Deutschland verfolgt. Es kann nicht abgestritten werden, dass die aufgeführten Maßnahmen gewisse positive Effekte auf die Digitalisierung haben kann.

---

[19] Vgl. https://www.bmi.bund.de/DE/themen/it-und-digitalpolitik/it-des-bundes/it-konsolidierung/it-konsolidierung-node.html.
[20] Vgl. https://www.bmi.bund.de/SharedDocs/downloads/DE/veroeffentlichungen/2015/grobkonzept-zur-it-konsolidierung-bund.pdf;jsessionid=ECD7132E9E1B620F9952D082521AECBE.1_cid350?__blob=publicationFile&v=2.

7.11 Zentrale Datenbereitstellung als Erfolgsfaktor der digitalen Transformation

Nachdem im vorherigen Abschnitt dargestellt wurde, dass die IT-Konsolidierung nicht zur digitalen Transformation in Deutschland führen wird, soll in diesem Abschnitt vorgestellt werden, wie die digitale Transformation in Deutschland gelingen könnte.

Beim Online Service Index (OSI) (Vereinte Nationen 2022) und dem E-Participation Index[21] der Vereinten Nationen erreicht Estland den ersten bzw. vierten Platz unter den 193 Mitgliedsstaaten. Beim Index für digitale Wirtschaft und Gesellschaft (DESI) (Europäische Kommission 2022b) und der eGovernment Benchmark (Europäische Kommission)von der Europäischen Kommission erreicht Estland einmal den ersten und einmal den zweiten Platz. Kein anderes Land schneidet durchgängig so gut ab. Im Folgenden werden die Erfolgsfaktoren zur Umsetzung der digitalen Transformation in Estland dargestellt.

Nachdem Estland im Jahr 1991 Unabhängigkeit erreicht hatte, bestand Konsens, dass eine digitale Gesellschaft aufgebaut werden sollte. Schon im Jahr 2001 wurde die sogenannte X-Road aufgebaut. Die X-Road ist eine Datenaustauschplattform. Hierbei liegen die Daten nicht an einem zentralen Ort sondern sind verteilt bei den unterschiedlichen Datenownern. Ermöglicht wird aber über die „Road" ein Zugang zu den Daten für berechtigte Nutzende. Über die X-Road können Informationssysteme und Register Zugang zu den Daten erlangen. Konkret umgesetzt wird die X-Road mittels Blockchain-Technologie.[22]

Die Zugänge zur X-Road werden über eine Benutzer- und Berechtigungssystem verwaltet. Je nach Berechtigung hat man lesenden oder auch schreibenden Zugriff auf einzelne Datensysteme. Grundsätzlich kann aber jeder und jede und jedes System auf die Daten zugreifen, wenn die Berechtigung vorliegt. Aufgrund der Blockchain-Technologie steht die Historie der Datenänderungen unbegrenzt zur Verfügung und kann auch nicht abgeändert oder manipuliert werden.[23]

Zugang zu diesem System haben sowohl IT-Systeme als auch weitere Nutzende wie z. B. Bürgerinnen und Bürger. Der Zugang erfolgt über die ID-card.[24]

Nach und nach wurden in Estland Verwaltungs- und Regierungsservices transformiert und digital zur Verfügung gestellt.[25]

Um die digitale Transformation erfolgreich umzusetzen werden Informationssysteme benötigt. Wie das Wort Informationssystem schon sagt, geht es um die Verarbeitung von

---

[21] Vgl. https://publicadministration.un.org/egovkb/Data-Center.
[22] https://e-estonia.com/
[23] https://e-estonia.com/solutions/cyber-security/ksi-blockchain/
[24] https://e-estonia.com/solutions/e-identity/id-card/
[25] https://e-estonia.com/story/

7.12 Positive Faktoren des E-Government

Informationen. Informationen sind in der Informationstechnik Daten. Wie schon das Beispiel Estland gezeigt hat, muss für das Gelingen der digitalen Transformation eine zentrale Datenverwaltung zur Verfügung stehen.

Betrachtet man jetzt Deutschland, kann festgestellt werden, dass die IT-Konsolidierung keine Lösung für die zentrale bzw. einheitliche Datenbereitstellung vorsieht. Selbst die Bundescloud ist primär als Basisdiensteplattform gedacht. Über die Bundescloud wird die SIB-Box zur Verfügung gestellt. Dies ist ein Datenspeicher auf Basis von Nextcloud. Für jeden Behörde stehen allerdings nur 500 GB Speicherplatz zur Verfügung.[26] Es ist also eher für Nutzende zur Speicherung von kleinen Datenmengen gedacht. Und keine einheitliche Datenverwaltung für die gesamte Bundesverwaltung.

Als positiv kann verzeichnet werden, dass die Bundesregierung nach einer ersten Auflage einer Datenstrategie im Jahr 2021 im Jahr 2023 eine weitere Aktualisierung vorgenommen hat, in der auch Themen wie Künstliche Intelligenz behandelt werden.[27]

7.12 Positive Faktoren des E-Government

In einer Studie der Europäischen Kommission werden die folgenden Faktoren zur Förderung des E-Government angegeben (Misuraca et al. 2019):

- **Nutzung Künstlicher Intelligenz im öffentlichen Sektor**
  Durch die Nutzung Künstlicher Intelligenz können bessere Services durch die Verwaltung angeboten werden.
- **Nutzung von Plattformen an Stelle verteilter Netzwerke**
  Zentrale Plattformen sind für die Nutzenden einfacher zu verwenden als die Nutzung verteilter Services.
- **E-Government 4.0**
  In Anlehnung zur Industrie 4.0 können die Services verbessert werden, wenn die Vernetzung der genutzten Dinge, Daten und Services verwaltungsübergreifend passiert. So können die vorliegenden Daten bestmöglich verwendet werden.
- **Realistische Einschätzung der Effekte**
  Die eingesetzten Technologien und Neuerungen sollten sich an dem Bedarf des E-Government ausrichten.
- **Human Capital**
  Neben der Einführung neuer Technologien müssen auch die Mitarbeitenden der öffentlichen Verwaltung die benötigten Qualifikationen erlangen.
- **Einführung ethischer Modelle**

---

[26] https://www.itzbund.de/de/itloesungen/standardloesungen/sibbox/sibbox.html
[27] Vgl. https://www.bundesregierung.de/breg-de/themen/digitaler-aufbruch/datenstrategie-2023-2216620.

Bei der Einführung neuer Technologien wie z. B. Künstlicher Intelligenz müssen auch ethische Überlegungen angestellt werden und die Technologien aus ethischen Gesichtspunkten bewertet werden.

- **Nutzung vorausschauender Analysen, um die Effizienz und Effektivität zu bewerten**
  Mit Hilfe von vorliegenden Daten sollte analysiert werden, wie effizient und effektiv die Services sind, um die vorhandenen Ressourcen möglichst sinnvoll einzusetzen.
- **Open Data**
  Daten sollten offen verfügbar und nutzbar sein. Lediglich persönliche Daten müssen geschützt werden.
- **Kultur der digitalen Transformation innerhalb der öffentlichen Verwaltung**
  Damit die digitale Transformation gelingen kann, müssen die Beteiligten offen für die Veränderungen sein. Neue Technologien müssen positiv wahrgenommen werden.
- **Open Data auf europäischer Ebene**
  Die Verfügbarkeit von Daten sollte länderübergreifend auf europäischer Ebene gegeben sein.

Es ist ersichtlich, dass die genannten Punkte sowohl die Technologien, vor allem die Daten, aber auch die Mitarbeitenden der Verwaltung und kulturelle und ethische Gesichtspunkte umfassen. Die digitale Transformation ist ein umfassender Prozess des gesamtheitlichen Wandels.

7.13 Vergleich

In diesem Kapitel wurden unterschiedliche Bewertungen von E-Government-Leistungen vorgestellt. Beginnend mit dem OZG-Reifegradmodell, das keinen Vergleich mit anderen Ländern anführt, sondern den Reifegrad der OZG-Leistungen misst. Insgesamt sind von den 620 umzusetzenden Services lediglich 38 umgesetzt. Das entspricht 6,1 %. Lediglich 2 haben den höchsten Reifegrad 4. Hier kann man schon sehen, dass Deutschland im Bereich Digitalisierung von Verwaltungsleistungen noch viel nachzuholen hat.

Bei den vergleichenden Indizes erreicht Deutschland im Jahr 2002 die folgenden Plätze:

- E-Government Development Index (EGDI) der Vereinten Nationen: Platz 22 von 193
- Online Service Index (OSI) der Vereinten Nationen   Platz 43 von 193
- E-Participation Index der Vereinten Nationen: Platz 32 von 193
- Digital Economy and Society Index (DESI) der Europäischen Kom   Platz 18 von 27
- eGovernment Benchmark der Europäischen Kommission   Platz 21 von 36
- Government AI Readiness Index von Oxford Insights   Platz 15 von 181

7.13 Vergleich

Deutschland liegt zwar weltweit im oberen Viertel, nimmt dort aber einen der unteren Plätze ein. Europaweit betrachtet liegt Deutschland in der unteren Hälfte, nimmt in dieser dann aber einen der oberen Plätze ein. Auch beim EGovernment Monitor der „Initiative D21" schneidet Deutschland im Vergleich zu Österreich und der Schweiz schlechter ab.

Wenn man die Reifegradmodelle betrachtet, dann kann festgestellt werden, dass Deutschland in dem Modell von Layne und Lee bisher nur die Stufe 1 erreicht hat. Es gibt einen Katalog an Services und vereinzelt Formulare. Die Services werden aber noch nicht umfassend online angeboten, sodass die Stufe 2 noch nicht erreicht ist.

In dem Modell von Andersen und Henriksen hat Deutschland die Phase I noch nicht vollständig erreicht. Dasselbe gilt für das Modell von Scholta, das als Stufe 1 einen One-Stop Shop voraussetzt.

Guckelberger nennt folgende Gründe dafür, dass sich Deutschland „schwer tut mit der Digitalisierung" (Guckelberger 2023):

- Die Bundesländer verfügen über eigene Gesetzgebungskompetenzen und sind für die Umsetzung und Ausführung zuständig. Die Länder und Kommunen verfügen aber nicht über die notwendigen finanziellen Ressourcen, um die Digitalisierung umzusetzen.
- Gesetzliche Hürden, die eine fehlende Zuständigkeit des Bundes oder fehlende Erlaubnisse für benötigte Digitalisierungen bedingen.

Ein weiteres Hemmnis für die Digitalisierung in Deutschland ist der Föderalismus. Durch die föderale Struktur gibt es nur in wenigen Bereichen zentrale Zuständigkeiten. Sobald Länder und Kommunen zuständig sind, müssen diese sich entweder abstimmen und zentrale Lösungen anbieten oder jedes Land bzw. jede Kommune bietet eigene Lösungen an. Beide Varianten sind nicht effizient.

Scholta et al. identifizieren entscheidende Punkte, die helfen, Digitalisierung erfolgreich umzusetzen (Scholta et al. 2019b):

- Standardisierte Beschreibung der Services: Mithilfe standardisierter Beschreibungen für Services ist es für die Nutzenden einfacher, die wesentlichen Informationen zu erfassen. Auch für die Erstellenden von Beschreibungen erleichtert es, da deutlich wird, welche Informationen gegeben werden müssen.
- Verbundene Portale: Durch miteinander verbundene Portale ist es für Nutzende einfacher die entsprechend benötigten Services zu finden, da die Nutzenden durch die jeweiligen Portale durchnavigiert werden können.
- Ein Zugang zu allen Diensten: Durch einen zentralen Zugang und Einstiegspunkt ist es für die Nutzenden einfacher, die Dienste zu nutzen, da nur ein Login verwendet werden muss und alle Informationen an einer zentralen Stelle liegen. Ein Zugang bzw. ein Portal ist eine weitere Ausbaustufe der verbundenen Portale.
- Automatische Durchführung von Services durch die Regierung: Die Idee ist, dass auch ohne eine Aktion durch die Bürgerinnen und Bürger oder die Wirtschaft notwendige

Services automatisch angestoßen werden. Beispiel ist z. B. die Kindergeldzahlung bei Geburt eines Kindes. Hier sollte die Anzeige der Geburt eines Kindes reichen, dass automatisch die Auszahlung des Kindergeldes angestoßen wird, ohne dass hierfür ein weiterer Antrag notwendig ist.
- Digitalisierungsstelle: Es sollte eine zentrale Stelle geben, die für die Digitalisierung zuständig und verantwortlich ist. Dies führt dazu, dass die Digitalisierung zentral vorangetrieben wird.
- Digitale Identität für alle Bürgerinnen und Bürger: Die digitale Identität ermöglicht eine einheitliche Datenbasis und Speicherung relevanter Daten innerhalb der digitalen Identität und vereinfacht den Zugang zu digitalen Services.
- Shared Service Center: Mittels eines Shared Service Center können dieselben Dienste, die von unterschiedlichen Stellen angeboten werden, zentralisiert zur Verfügung gestellt werden.

Deutschland hat zwar einige von den genannten Punkten umgesetzt, diese Maßnahmen sind aber nicht ausreichend. Zusammenfassend kann festgestellt werden, dass Deutschland seinem Anspruch hinterherhinkt und im Vergleich auch gerade zu den nordeuropäischen Ländern wesentlich schlechter dasteht.

Literatur

Andersen, K.; Henriksen, H. (2006): E-government maturity models: Extension of the Layne and Lee model. In: *Government Information Quarterly* (23), S. 236–248.
Bitkom e. V. (Hg.) (2022a): Smart City Index 2022. Studie zur Digitalisierung deutscher Großstädte. Hinweise zur Methodik.
Bitkom e. V. (Hg.) (2022b): Smart City Index 2022. Studienbericht zum Digitalisierungsgrad der 81 deutschen Großstädte.
Europäische Kommission (Hg.) (2022): eGovernment Benchmark 2022. Synchronising Digital Governments.
Europäische Kommission (Hg.) (2022a): Digital Economy and Society Index (DESI). Methodological Note.
Europäische Kommission (Hg.) (2022b): Digital Economy and Society Index (DESI). Thematic chapters.
Europäische Kommission (Hg.) (2022c): Digital Economy and Society Index (DESI) 2022. Digital public services.
Guckelberger, A. (2023): Deutschlands E-Government-Performance im Vergleich zu Österreich und der Schweiz. In: *Die Öffentliche Verwaltung* 76 (8), S. 317–328.
Initiative D21 e. V., Initiative D21 e.; Technische Universität München, Technische Universität (Hg.) (2022): eGovernment MONITOR 2022. Nutzen und akzeptieren Bürger*innen die digitalen Verwaltung? Die deutschen Bundesländer, Deutschland, Österreich und die Schweiz im Vergleich. 1. Auflage. Berlin: Initiative D21 (eGovernment MONITOR, 12).
Layne, K.; Lee, J. W. (2001): Developing fully functional e-government: A four stage model. In: *Government Information Quarterly* (18(2)), S. 122–136.

Leogrande, A.; Magaletti, N.; Cosoli, G.; Massaro, A. (2022): e-Government in Europe. A Machine Learning Approach. S.l.: SSRN.

Meyerhoff Nielsen, M. (2017): Governance Failure in Light of Government 3.0: Foundations for Building Next Generation eGovernment Maturity Models. In: *Public Administration and Information Technology* (32).

Misuraca, G.; Barcevičius, E.; Cibaité, G.; Codagnone, C.; Gineikytė, V.; Klimavičiūtė, L. et al. (Hg.) (2019): Exploring digital government transformation in the EU. Analysis of the state of the art and review of literature. Europäische Kommission. Luxembourg: Publications Office of the European Union (JRC science for policy report).

Oxford Insights (Hg.) (2022): Government AI Readiness Index 2022. Online verfügbar unter https://static1.squarespace.com/static/58b2e92c1e5b6c828058484e/t/639b495cc6b59c620c3ecde5/1671121299433/Government_AI_Readiness_2022_FV.pdf.

Scholta, H.; Mertens, W.; Kowalkiewicz, M. u. a.: From one-stop shop to no-stop shop: An e-government stage model. In: *Government Information Quarterly* 2019a (36 (1)), S. 11–26.

Scholta, H.; Niemann, M.; Halsbenning, S.; Räkers, M.; Becker, J. (2019b): Fast and Federal – Policies for Next-Generation Federalism in Germany. In: *Proceedings of the 52nd Hawaii International Conference on System Sciences*, S. 3273–3282.

Stocksmeier, D.; Hunnius, S. (2018): OZG-Umsetzungskatalog. Digitale Verwaltugnsleistungen im Sinne des Onlinezugangsgesetzes. Hg. v.]init[AG im Auftrag des Bundesministeriums des Innern, für Bau und Heimat.

Vereinte Nationen (Hg.) (2022): E-Government Survey 2022. The Future of Digital Government. Online verfügbar unter https://desapublications.un.org/sites/default/files/publications/2022-09/Web%20version%20E-Government%202022.pdf.

Wirtz, B. W. (2022): E-Government. Strategie – Organisation – Technologie. Berlin, Heidelberg: Springer Gabler (Lehrbuch). Online verfügbar unter https://doi.org/10.1007/978-3-662-65330-2.

Teil III
Auswirkungen des E-Government

8 Auswirkungen auf die Verwaltung

Die weitreichende Umsetzung von E-Government wird Auswirkungen auf die Verwaltungen haben, die über Prozessänderung hinausgehen werden. Analog zum Einzug von IT in die Verwaltungen wird auch die Abwicklung von Verwaltungsprozessen auf elektronischem Weg tiefgreifende Auswirkungen auf verschiedene Bereiche haben. Diese werden im Folgenden und im Vorgriff auf den Ausblick am Ende dieses Buches skizziert. Dabei werden die Bereiche Personal, Finanzen, IT, Recht und Struktur behandelt.

8.1 Personal

Die Auswirkungen von E-Government auf das Personal der öffentlichen Verwaltungen sind mannigfaltig. In diesem Kapitel werden sie auf drei Aspekte herunter gebrochen: das bestehende Personal, die künftigen Kompetenzen des Verwaltungspersonals sowie die Gesamtzahl und Struktur der Beschäftigten in den öffentlichen Verwaltungen.

8.1.1 Bestandspersonal

Das Bestandspersonal der öffentlichen Verwaltung sieht sich seit vielen Jahren in unterschiedlichem Ausmaß mit einem Prozess der Digitalisierung konfrontiert. Analog zum privaten Sektor – jedoch mit Verzögerung – erfolgten Digitalisierungsschritte in Bereichen Kommunikation, Ausstattung, Tätigkeitsunterstützung und Arbeitsorganisation. Diese sind vielfach wie oben teilweise aufgezeigt nicht abgeschlossen und können es wegen der sich verändernden Technik auch gar nicht sein. Diese Änderung der Anforderungen an die Beschäftigten der öffentlichen Verwaltung werden anhalten. Die Umstellung auf die E-Akte ändert beispielsweise die Einhaltung der Anforderung zur rechtskonformen Archivierung von Vorgängen. Das Abwickeln von digitalen Vorgängen im Bürgerkontakt beinhaltet andere Anforderungen als der direkte Kontakt. Die Integration von IT in die tägliche Arbeit steigt und manuelle Tätigkeiten in der Datenverarbeitung und -übertragung nehmen ab. Hierdurch steigt der Komplexitätsgrad in der alltäglichen Arbeit durch den Wegfall von einfacheren, manuell geprägten Tätigkeiten. Somit wird sich die Art wie Aufgaben zu erledigen sein werden und zudem auch Aufgaben selbst verändern. Dies resultiert in dem Erfordernis zur laufenden Weiterbildung und einem Change-Ansatz, um das Gelingen dieses Wandels zu sichern. Konkret bezieht sich das auf die erforderlichen Kompetenzen für die Beschäftigten und resultiert in einem Wandel in der Struktur des Personals.

8.1.2 Kompetenzen

Es existieren viele Kompetenzmodelle für Beschäftigten, auch für die Beschäftigten der öffentlichen Verwaltung. Somit erfolgt an dieser Stelle keine Befassung mit einem vollständigen Kompetenzmodell, sondern nur mit den Aspekten, die sich mit Bezug auf E-Government geändert haben oder konkretisiert wurden.

Dass sich die erforderlichen Kompetenzen ändern, kann an u. a. auch an Änderungen bei den einzuhaltenden Vorschriften abgelesen werden. Statt Vorschriften zur Nutzung von beispielsweise Faxgeräten (Der Landesbeauftragte für den Datenschutz und Informationsfreiheit Baden-Württemberg 01.05.2017) rücken andere einzuhaltende Vorschriften in den Fokus. Heute ist es erforderlich, dass sich Beschäftigte im Rahmen des IT-Grundschutzes gem. BSI mit der IT-Sicherheit am Arbeitsplatz beschäftigen und Kompetenzen in den Bereichen der kritischen Prüfung von E-Mails, beim Umgang Passwörter, dem Schutz von Daten auf Computern sowie der sicheren Internetnutzung aufbauen (Bundesamt für Sicherheit in der Informationstechnik (BSI) 2023).

Insofern ist es nur folgerichtig, dass beispielsweise die KGSt das Kompetenzmodell um die „digitale Kompetenz" ergänzt hat (KGSt 2017). Darin wird einerseits die Offenheit gegenüber Informationstechnologie aber auch die „Fertigkeit im Umgang mit digitalen Medien" (KGSt 2017) postuliert. Gleiche Feststellungen finden sich auch in anderen Publikationen (Palmas und Niermann 2021; Friedrichsen und Wersig 2020). Eine andere Betrachtung auf den Rahmen für die erforderlichen Kompetenzen bietet das sog. „VUCA-Modell". Mit diesem wird ein Erklärungsmodell geliefert, welche Rahmenbedingungen für Führungsarbeit in einer komplexen Welt zu berücksichtigen sind (Mack et al. 2016). Die Abkürzung steht für die Punkte Volatilität, Unsicherheit, Komplexität und Mehrdeutigkeit (Knorre 2020). Das Modell wird auch für die öffentlichen Verwaltung als relevant eingestuft (Knorre 2020; Bundesministerium des Innern und für Heimat 2023; Hill 2021).

Insbesondere der Punkt der Zunahme der Komplexität ist direkt verknüpfbar mit dem Aspekt der zunehmenden Digitalisierung und somit auch E-Government.

Egal ob die Betrachtung von der Perspektive der Anforderungen oder der zur Bewältigung der Anforderungen erfolgt, führt E-Government zu veränderten Kompetenzen, die zur Erfüllung der Aufgaben erforderlich sind. Aus diesem Grund haben beispielsweise auch die Hochschulen für öffentliche Verwaltungen entsprechende neue Studiengänge entwickelt bzw. ihre Curricula angepasst[1].

8.1.3 Gesamtzahl und Struktur

In Anlehnung an Erfahrungen zur Automatisierung und Digitalisierung in der Privatwirtschaft wird vielfach die Annahme abgeleitet, dass die Digitalisierung zum Personalabbau bzw. Stellenabbau führen wird. Unabhängig von der Frage, ob dies gut oder schlecht zu bewerten ist, muss zunächst die Ist-Situation betrachtet werden. Die Zahl der Beschäftigten im öffentlichen Dienst in der Kernverwaltung ist in den letzten Jahren angestiegen (Statistisches Bundesamt 22.06.2022). Hierzu zählen auch die klassischen Verwaltungsaufgaben, ohne Beschäftigte in den Bereichen Bildung, Sicherheit, Entsorgung, Gesundheit oder Infrastruktur. Trotz dieses Anstiegs beklagen fast alle Kommunen das Problem von offenen Stellen (Specht 29.22.2022). Diese beziehen sich nicht nur auf die bekannten Bereiche wie IT, Ingenieurwesen, Naturwissenschaften oder Technik, sondern auf alle Bereiche (PricewaterhouseCoopers GmbH 2017; Trümper 2023). Die Stellen für die Polizei beispielsweise können nur knapp besetzt werden (SWR 2022), in der Kernverwaltung zeigt sich ein ähnliches Bild. Wenn also E-Government als eine Ausprägung von Automatisierung und Digitalisierung zur Reduzierung des Stellenbedarfs führt, könnte dies zunächst die Lücke des Ist- zum Soll-Personal schließen helfen, ohne dass tatsächlich ein Personalabbau erfolgen müsste. Dass die Auswirkungen nicht nur auf die Stellen, sondern auch auf das Personal zu erwarten sind, ist sicher und vor dem Hintergrund des demografischen Wandels auch notwendig.

Neben Auswirkungen auf die Gesamtzahl wird E-Government auch eine Auswirkung auf die Struktur des Personals im öffentlichen Dienst haben. Der einfache Dienst macht zum Stichtag 30. Juni 2021 nur noch einen Anteil von 3,6 % der Beamtenschaft aus (dbb beamtenbund und tarifunion 2022). Der Rückgang des Anteils dieser Beschäftigungsgruppe ist mit vielem zu begründen, sicher jedoch auch mit einer zunehmenden Technisierung der Arbeit. Insofern ist davon auszugehen, dass eine weitere Technisierung ebenfalls Auswirkungen auf die Struktur des öffentlichen Dienstes haben wird. Der Anteil der Beschäftigten im mittleren Dienst (Laufbahngruppe 1.2) liegt aktuell bei knapp 31 % (dbb beamtenbund und tarifunion 2022). Betrachtet man die Bereiche, in denen der mittlere Dienst eingesetzt ist, zeigen sich neben Außendiensttätigkeiten auch viele Arbeiten

---

[1] Beispielsweise an den Hochschule für den öffentlichen Dienst in Bayern, Baden-Württemberg oder NRW und an der Hochschule des Bundes für öffentliche Verwaltung.

im Innendienst in manuellen Bereichen. Hier sind die Bürgerämter oder die Straßenverkehrsbehörden als Beispiel zu nennen. Dort finden sich viele Leistungen, welche künftig direkt ohne Einbezug der Verwaltung erledigt werden können und teilweise auch in diesem Buch exemplarisch vorgestellt wurden. Durch Sinken der analogen Fallzahlen in diesen Bereichen und durch eine konsequente Umsetzung des Once-only-Prinzips mit automatischer Datenübermittlung wird das Arbeitsvolumen in diesen Bereichen sinken. Folglich ist davon auszugehen, dass analog zur Veränderung beim einfachen Dienst durch Technisierung auch eine Auswirkung von E-Government diesmal aber auf den Bedarf an Kräften im mittleren Dienst zu erwarten sein wird. Die Beschäftigungsstruktur wird sich somit ändern, mit einem Trend hin zum gehobenen Dienst (Laufbahngruppe 1.2).

8.2 Finanzen

Die teilweise Umsetzung der Anforderungen des Onlinezugangsgesetzes ist mit enorm hohen Kosten verbunden gewesen und wird es bleiben. Im Rahmen der Konjunkturpakete in den Pandemiejahren sind mehrere Milliarden Euro aus Bundes-, Landes- und EU-Mitteln für die Umsetzung der Digitalisierung der Verwaltung und des OZG bereitgestellt worden (Deutscher Städtetag 22.09.2020; Süddeutsche Zeitung 2021). Ein vollständiger Überblick über diese Kosten lässt sich kaum herstellen, da hierzu direkte Investitionen der verschiedenen Gebietskörperschaften und Institutionen sowie Dienstleister im Auftrag und privater Anbieter betrachtet werden müssten. Gesichert lässt sich jedoch feststellen, dass alle Beteiligten Erstinvestitionen in nennenswertem Umfang leisten müssen und diese nicht immer selbst darüber frei entscheiden können oder Investitionen auch zum Nutzen von anderen leisten, wie beispielsweise die Übernahme der Kosten der BundID durch den Bund, vom dem alle Portale profitieren werden.

Neben den Einmalaufwendungen ist auch ein Anstieg der laufenden Kosten feststellbar. Der Anteil der IT-Kosten an den Gesamthaushalten wächst. Somit hat E-Government auch einen umfassenden und andauernden Impact auf die öffentlichen Haushalte. Inwieweit dies zu einer positiven digitalen Rendite führt, ist in einer Langzeitbetrachtung zu evaluieren.

8.3 IT

Mit dem Ziel die Dienstleistungen für Bürgerinnen und Bürger und Unternehmen zu vereinfachen (siehe Servicestandard) geht eine steigende Komplexität der dahinterstehenden IT-Infrastruktur einher. Die Abhängigkeit vom Funktionieren von Software und der Integration von Software wird steigen. Die Datenhaltung und Archivierung werden digitalisiert, sodass IT-Aufgaben in neuen bzw. anderen Bereichen hinzukommen.

Die Entwicklung zur Deutschen Verwaltungscloud ist ein Beispiel für diese zunehmende IT-Komplexität und deren Aufgabenumfang.

Auch aufseiten der Anbieter von IT-Infrastruktur wird es zu komplexeren Strukturen kommen (Fellrath 2020). Die Nachnutzung von EfA-Leistungen beispielsweise kann mit dem Beitritt zur Govdigital Genossenschaft einher (govdigital eG 2023). In der Nachnutzung kann beispielsweise ein Fremdhosting als Nutzungsform vorkommen. In diesem Fall wäre die Nutzung der Software eines Anbieters in einem anderen Bundesland über Nutzungsverträge zwischen diesen Ländern mit einer gewährten Nachnutzung für die Kommunen durch den regionalen IT-Dienstleister mit mehreren Vertragsparteien gegeben. Insbesondere im Bereich der EfA-Leistungen gibt es eine Vielzahl an Nutzungsformen, welche in unterschiedlicher Kombination in den Kommunen vorkommen werden:

- Eigene Software (fremd oder eigen programmiert) in der Kommune selbst gehostet.
- Analog zum vorherigen Punkt, jedoch vom regionalen IT-Dienstleister gehostet.
- Eigene Softwarelösung des regionalen IT-Dienstleisters, das den angeschlossenen Kommunen zur Verfügung gestellt wird.
- Nachnutzung einer EfA-Leistung durch den regionalen IT-Dienstleister ohne eigenes Hosting.
- Diverse weitere Unter- und Sonderformen.

In Ländern mit einem zentralen IT-Dienstleister (Bayern, Schleswig-Holstein) sind die Modelle etwas einfacher. Die zunehmende Integration und Komplexität der Softwarelösungen und Schnittstellen wird die Abhängigkeit der Kommunen von spezialisierten Dienstleistern wachsen lassen.

8.4 Recht

Der Bezug zwischen E-Government und Recht ist in einem eigenen Kapitel behandelt worden. Der Zusammenhang wird in diesem Unterkapitel mit Blick auf drei Aspekte ergänzt.

Zunächst kehrt sich die Art der Rechtssetzung in machen Punkten um. Wurde mit vielen Gesetzen und Änderungen E-Government ermöglicht, kann von einer Umkehr dieses Prinzips gesprochen werden, wenn wegen E-Government Recht geändert wird. Ein prominentes Beispiel ist da zum Zeitpunkt der Erstellung dieses Buchs das in Arbeit befindliche OZG-Änderungsgesetz. In diesem soll eine Art Generalklausel beschlossen werden, dass der digitale Antragsweg in allen Gesetzen und Verfahren automatisch rechtmäßig, auch ohne dass dies explizit in der jeweiligen Rechtsvorschrift eingeräumt wird und dazu geändert werden müssten (Bundesregierung 24.05.2023).

Durch die Einrichtung des IT-Planungsrats gem. Artikel 91c GG ist ein Beschlussgremium aus Bund und Ländern mit den Kommunen geschaffen worden, um über alle staatlichen Ebenen hinweg verbindliche Beschlüsse zu IT-Fragen fassen zu können. Vergleichbare andere Bereiche, in denen ein solches Beschlussgremium geschaffen wurden, gibt es nicht. Insofern führte die Umsetzung der Digitalisierung der Verwaltung und von E-Government zu neuen Strukturen zur Beschlussfassung in Deutschland.

Als dritte Betrachtung kann das Verfahren zu Rechtsetzung genannt werden. Auch hier wird die digitale Gesetzgebung eingeführt (Bundesregierung 2023; Deutscher Bundestag 2023). Petitionen können ebenfalls schon digital durchgeführt eingereicht werden (Deutscher Bundestag 2023). Die Gerichte sind auch auf ein digitales Postfach umgestellt und die digitale Akte im Gerichtswesen ist eingeführt (Bundesamt für Justiz 2023).

Somit hat E-Government auch direkte Auswirkungen auf den Bereich Recht.

8.5 Struktur

Langfristig wird E-Government Auswirkungen auf die benötigten Flächen der Verwaltungen haben. Bei einer fast vollständigen Abschaffung der vor-Ort Dienstleistungen der Straßenverkehrsämter hätte dies beispielsweise enorme Auswirkungen auf den Flächenbedarfe der Kreise und kreisfreien Städte. Auch Orte der Aufgabenerledigung und Zuständigkeiten können sich ändern. Wenn beispielsweise heute schon EfA-Leistungen aus anderen Ländern genutzt werden, kann die eigentliche digitale Sachbearbeitung auch an anderen Orten erfolgen. Beispiele der Privatwirtschaft hierzu gibt es unzählige. Inwieweit dies dann auch zu einer Verschiebung von Grenzen der Gebietskörperschaften führt, ist fraglich.

Literatur

Bundesamt für Justiz (2023): Elektronischer Rechtsverkehr. Online verfügbar unter https://www.bundesjustizamt.de/DE/DasBfJ/Kontakt/Rechtsverkehr/Rechtsverkehr_node.html, zuletzt geprüft am 09.11.2023.

Bundesamt für Sicherheit in der Informationstechnik (BSI) (Hg.) (2023): IT-Sicherheit am Arbeitsplatz. Online verfügbar unter https://www.bsi.bund.de/DE/Themen/Verbraucherinnen-und-Verbraucher/Cyber-Sicherheitslage/Methoden-der-Cyber-Kriminalitaet/Social-Engineering/IT-Sicherheit-am-Arbeitsplatz/it-sicherheit-am-arbeitsplatz_node.html, zuletzt aktualisiert am 08.11.2023.

Bundesministerium des Innern und für Heimat (2023): Das neue Organisationshandbuch – aus der Praxis für die Praxis. Umfassendes Verwaltungsmanagement. Online verfügbar unter https://www.verwaltung-innovativ.de/OHB/DE/OrganisationshandbuchNEU/1_Einfuehrung/1_6_Umfassendes_Verwaltungsmanagement/1_6_1_einfuehrung/einfuehrung-node.html, zuletzt geprüft am 08.11.2023.

Bundesregierung (Hg.) (2023): Projekt E-Gesetzgebung. Online verfügbar unter https://www.verwaltung-innovativ.de/DE/Gesetzgebung/Projekt_eGesetzgebung/projekt_E_gesetzgebung_node.html, zuletzt geprüft am 09.11.2023.

Literatur

Bundesregierung (24.05.2023): Entwurf eines Gesetzes zur Änderung des Onlinezugangsgesetzes sowie weiterer Vorschriften zur Digitalisierung der Verwaltung. OZG-Änderungsgesetz – OZGÄndG, vom Entwurf. Online verfügbar unter https://www.bmi.bund.de/SharedDocs/gesetzgebungsverfahren/DE/Downloads/kabinettsfassung/entwurf-gesetz-aenderung-ozg-digitalisierung-verwaltung.pdf;jsessionid=E1B530AC36DC1CEBA9FC6C988A1726C9.2_cid378?__blob=publicationFile&v=2, zuletzt geprüft am 09.11.2023.

dbb beamtenbund und tarifunion (2022): Monitor öffentlicher Dienst 2023. Online verfügbar unter https://www.dbb.de/fileadmin/user_upload/globale_elemente/pdfs/2023/dbb_monitor_oeffentlicher_dienst_2023.pdf, zuletzt geprüft am 09.11.2023.

Der Landesbeauftragte für den Datenschutz und Informationsfreiheit Baden-Württemberg (01.05.2017): Hinweise zur Datensicherheit beim Telefax.

Deutscher Bundestag (2023): Petitionen einreichen. Online verfügbar unter https://epetitionen.bundestag.de/.

Deutscher Städtetag (22.09.2020): 3 Milliarden Euro für die digitale Verwaltung. Online verfügbar unter https://www.staedtetag.de/positionen/beschluesse/3-milliarden-euro-fuer-die-digitale-verwaltung-2020, zuletzt geprüft am 09.11.2023.

Fellrath, G. (2020): 6. Die Organisation und Struktur der Digitalisierung der Kommunen. In: Gina Rosa Wollinger und Anna Schulze (Hg.): Handbuch Cybersecurity für die öffentliche Verwaltung. Wiesbaden: Kommunal- und Schul-Verlag, S. 173–200.

Friedrichsen, M.; Wersig, W. (2020): Digitale Kompetenz – Notwendigkeit und Kerngedanken. In: M. Friedrichsen und W. Wersig (Hg.): Digitale Kompetenz. Herausforderungen für Wissenschaft, Wirtschaft, Gesellschaft und Politik. Wiesbaden, Heidelberg: Springer Gabler (Synapsen im digitalen Informations- und Kommunikationsnetzwerk), S. 3–6.

govdigital eG (2023): Marktplatz für EfA-Leistungen. Online verfügbar unter https://www.govdigital.de/themen-leistungen/marktplatz-fuer-efa-leistungen, zuletzt aktualisiert am 09.11.2023.

Hill, H. (Hg.) (2021): Die Kraft zur Innovation in der Verwaltung: Nomos.

KGSt (2017): Schlüsselkompetenzen für kommunale Führungskräfte. Hg. v. Kommunale Gemeinschaftsstelle für Verwaltungsmanagement.

Knorre, S. (2020): Agiles Verwaltungsmanagement und interne Kommunikation: Neue Perspektiven einer kommunikationszentrierten Führung in der öffentlichen Verwaltung. In: Klaus Kocks (Hg.): Öffentliche Verwaltung – Verwaltung in Der Öffentlichkeit. Herausforderungen und Chancen der Kommunikation öffentlicher Institutionen. Unter Mitarbeit von Susanne Knorre und Jan Niklas Kocks. Wiesbaden: Springer Fachmedien Wiesbaden GmbH, S. 39–55.

Mack, O. J.; Khare, A.; Krämer, A.; Burgartz, T. (Hg.) (2016): Managing in a VUCA World. Cham, Heidelberg, New York, Dordrecht, London: Springer. Online verfügbar unter http://ebooks.ciando.com/book/index.cfm/bok_id/1880510.

Palmas, Fabrizio; Niermann, Peter F.-J. (2021): Einleitung – Digitale Kompetenz als Schlüsselkompetenz in der Arbeitswelt 4.0. In: Fabrizio Palmas und P. F.-J. Niermann (Hg.): Extended Reality Training. Ein Framework für die virtuelle Lernkultur in Organisationen. Wiesbaden, Heidelberg: Springer Gabler (essentials), S. 1–3.

PricewaterhouseCoopers GmbH (Hg.) (2017): Fachkräftemangel im öffentlichen Dienst.

Specht, F. (29.22.2022): 360.000 offene Stellen – Beamtenbund beklagt „Kannibalismus" unter den Ländern und fordert bessere Bezahlung. In: *Handelsblatt*, 29.22.2022.

Statistisches Bundesamt (22.06.2022): Öffentlicher Dienst 2021: Stärkster Personalzuwachs seit der deutschen Vereinigung. Pressemitteilung Nr. 258 vom 22. Juni 2022. Online verfügbar unter https://www.destatis.de/DE/Presse/Pressemitteilungen/2022/06/PD22_258_741.html, zuletzt geprüft am 09.11.2023.

Süddeutsche Zeitung (2021): EU-Unterstützung für Aufbau der digitalen Verwaltung. In: *Süddeutsche Zeitung*, 03.03.2021. Online verfügbar unter https://www.sueddeutsche.de/politik/eu-eu-lei

stet-deutschland-aufbauhilfe-fuer-digitale-verwaltung-dpa.urn-newsml-dpa-com-20090101-210302-99-658523, zuletzt geprüft am 09.11.2023.

SWR (2022): Zu wenig Polizeikräfte in BW: Einstellungsoffensive reicht laut Gewerkschaft nicht aus. In: *SWR*, 29.07.2022. Online verfügbar unter https://www.swr.de/swraktuell/baden-wuerttemberg/einstellungsoffensive-polizei-bw-102.html, zuletzt geprüft am 09.11.2023.

Trümper, A. (2023): Kommunen im Krisenmodus: Personalmangel an allen Ecken und Enden. Bayerischer Rundfunk, 30.06.2023.

E-Government im internationalen Vergleich 9

Auf internationaler Ebene gibt es vielfältige Bemühungen, die Digitalisierung voranzutreiben. Im Jahr 2016 wurde der Aktionsplan zur Beschleunigung der Digitalisierung der öffentlichen Verwaltung in der EU erlassen. Der Plan sollte bis zum Jahr 2020 umgesetzt sein. Folgende Grundsätze waren leitgebend für den Aktionsplan:

- Standardmäßig digital: Dienstleistungen werden standardmäßig digital erbracht.
- Einmalige Erfassung: Datenerfassung erfolgt nur einmal und wird dann weiterverwendet.
- Inklusiv und barrierefrei: Digitale Dienste werden inklusiv und barrierefrei angeboten.
- Offen und transparent: Informationen und Daten sollen in der öffentlichen Verwaltung untereinander ausgetauscht werden.
- Grenzübergreifend: Digitale öffentliche Dienste werden grenzübergreifend angeboten.
- Interoperabel: Dienste werden so konzipiert, dass sie organisationsübergreifend genutzt werden können.
- Vertrauenswürdig und sicher: Dienste sollen vertrauenswürdig und sicher angeboten werden.[1]

Im Rahmen der deutschen EU-Ratspräsidentschaft wurde dann im Jahr 2020 die Berliner Erklärung zur Digitalen Gesellschaft und wertebasierten digitalen Verwaltung unterzeichnet. Es wurden sieben Leitlinien zur digitalen Transformation erlassen. Unter anderem wird in den Leitlinien die Stärkung des Vertrauens in die digitale Verwaltung und die Stärkung der digitalen Souveränität in Europa gefordert (EU-Ratspräsidentschaft 2020).

---

[1] Vgl. https://eur-lex.europa.eu/legal-content/DE/TXT/?uri=LEGISSUM%3A4301896&qid=1679039557634.

Die EU-Kommission hat einen Digitalen Kompass 2030 veröffentlicht. Der digitale Kompass formuliert die vier wichtigsten Ziele:

„1. Eine digital qualifizierte Bevölkerung und hochqualifizierte digitale Fachkräfte;

2. sichere und nachhaltige digitale Infrastrukturen;

3. die digitale Transformation von Unternehmen;

4. Digitalisierung öffentlicher Dienstleistungen."[2]

Im Bereich der öffentlichen Dienstleistungen sollen 100 % der öffentlichen Schlüsseldienstleistungen online verfügbar sein. 80 % der Bevölkerung sollen digitale Identitäten verwenden.[3]

Es ist also zu sehen, dass die Wichtigkeit und Dringlichkeit des Themas erkannt wurden. Im Folgenden wird darauf eingegangen, wie der aktuelle Stand des E-Government im internationalen Vergleich ist.

Wie schon in den Abschn. 6.2 und Kap. 7 beschrieben, wird der Stand des E-Government in Deutschland mit anderen Ländern verglichen. Am naheliegendsten ist ein Vergleich mit anderen europäischen Ländern, da hier von einer ähnlichen Rechtslage ausgegangen werden kann.

Als Vergleich wird zum einen der Online Service Index (OSI) und zum anderen der E-Participation Index herangezogen. Diese Indizes werden von den Vereinten Nationen herausgegeben und bieten einen Vergleich der 193 Mitgliedsstaaten. Dann werden noch der Index für digitale Wirtschaft und Gesellschaft (DESI) und der eGovernment Benchmark von der Europäischen Kommission betrachtet.

Bei allen vier Indizes belegt Estland einen der ersten drei Plätze. Dies gilt für kein anderes Land. Vergleich Abb. 9.1.

In Abb. 9.2 ist der gemittelte Rang über die vier Indizes für die Länder mit dem höchsten Durchschnittsrang sowie für Deutschland dargestellt. Deutschland hat einen gemittelten Rang von 28,5. Den besten Wert erreicht Estland mit 1,75. Danach folgen Finnland, die Niederlande, Dänemark und Malta.

Weiter unten wird auf die Länder Dänemark, Estland und Finnland genauer eingegangen.

Die verschiedensten Studien haben sich damit beschäftigt, die unterschiedlichen Indizes miteinander zu vergleichen. Zum Teil wurden auch einzelne Variablen der Indizes verwendet, um eigene E-Government-Indizes zu berechnen. Lněnička und Máchová verwenden 30 Variablen für eine Clusteranalyse (Lněnička und Máchová 2022). Ziel der Analyse war es, eine Bewertung der ausgewählten Indizes vornehmen zu können und Muster zu identifizieren, die Aufschluss darüber geben, warum Unterschiede in der Digitalisierung vorliegen. Folgende Cluster wurden identifiziert:

---

[2] Vgl. https://digital-strategy.ec.europa.eu/de/policies/europes-digital-decade.

[3] Vgl. https://digital-strategy.ec.europa.eu/de/policies/europes-digital-decade.

9 E-Government im internationalen Vergleich

OSI der Vereinten Nationen	
Rang	Land
1	Estland
2	Finnland
3	Korea
4	Dänemark
5	Singapur
6	Neuseeland
7	Australien
8	USA
9	Japan
10	Niederlande
11	Vereinte Arabische Emirate
12	Schweden
13	Brasilien
14	China
15	Island
16	Großbritannien
17	Malta
18	Österreich
19	Frankreich
20	Israel
21	Slowenien
22	Italien
…	…
43	Deutschland

E-Participation Index der UN	
Rang	Land
1	Japan
2	Australien
3	Estland
4	Singapur
5	Niederlande
6	Neuseeland
7	Finnland
8	Großbritannien
9	Korea
10	USA
11	Brasilien
12	Dänemark
13	China
14	Kanada
15	Kasachstan
16	Serbien
17	Island
18	Thailand
19	Türkei
20	Vereinte Arabische Emirate
21	Österreich
22	Malta
…	…
32	Deutschland

DESI E-Government der Europäischen Kommission	
Rang	Land
1	Estland
2	Finnland
3	Malta
4	Niederlande
5	Spanien
6	Irland
7	Luxemburg
8	Dänemark
9	Schweden
10	Litauen
11	Lettland
12	Österreich
13	Slowenien
14	Portugal
15	Frankreich
16	Belgien
17	Tschechien
18	**Deutschland**
19	Italien
20	Zypern
21	Ungarn
22	Polen
…	…
27	Rumänien

eGovernment-Benchmark der Europäischen Kom.	
Rang	Land
1	Malta
2	Estland
3	Luxemburg
4	Island
5	Niederlande
6	Finnland
7	Dänemark
8	Litauen
9	Lettland
10	Norwegen
11	Spanien
12	Portugal
13	Österreich
14	Belgien
15	Schweden
16	Türkei
17	Irland
18	Frankreich
19	Slowenien
20	Ungarn
21	**Deutschland**
22	Italien
…	…
35	Montenegro

Abb. 9.1 Vergleich der unterschiedlichen Indizes zur Bewertung des E-Government (eigene Darstellung)

Gemittelter Rang über alle vier Indizes	
Rang	Land
1,75	Estland
4,25	Finnland
6	Niederlande
10,25	Dänemark
10,75	Malta
28,5	Deutschland

Abb. 9.2 Gemittelter Rang über die Indizes der Vereinten Nationen und EU-Kommission (eigene Darstellung)

- Cluster 1: Österreich, Estland, Frankreich, Deutschland, Irland, Luxemburg, Spanien
- Cluster 2: Belgien, Zypern, Malta, Portugal
- Cluster 3: Bulgarien, Kroatien, Griechenland, Ungarn, Italien, Rumänien
- Cluster 4: Tschechien, Lettland, Litauen, Polen, Slowakei, Slowenien
- Cluster 5: Dänemark, Finnland, Niederlande, Spanien

Cluster 5 erreicht durchweg die besten Werte gefolgt von Cluster 1 (Lněnička und Máchová 2022).

Leogrande et al. führten auf Basis der Daten des Digital Economy and Society Index (DESI) und hier auf den Bereich E-Government ebenfalls eine Clusteranalyse durch und ermittelten folgende Cluster (Leogrande et al. 2022):

- Cluster 1: Belgien, Zypern, Frankreich, Deutschland, Italien, Portugal, Slowenien
- Cluster 2: Österreich, Dänemark, Estland, Finnland, Irland, Lettland, Litauen, Luxemburg, Malta, Niederlande, Spanien, Schweden
- Cluster 3: Rumänien
- Cluster 4: Bulgarien, Krotien, Tschechien, Griechenland, Ungarn, Polen, Slowakei

Die Cluster nehmen im Bereich E-Government die folgende Reihenfolge mit absteigender Güte ein:

1. Cluster 2
2. Cluster 1
3. Cluster 4
4. Cluster 3

Es ist ersichtlich, dass die westeuropäischen Länder bessere Werte erreichen als die osteuropäischen Länder.

In einer Studie von 2020 führten Androniceanu et al. mit Daten von 2018 eine Clusteranalyse durch. Dafür wurden 5 Variablen betrachtet, die den Status des E-Government repräsentieren (Androniceanu et al. 2020):

- Telekommunikationsinfrastruktur
- E-Government-Services
- Korruptionsindex
- Öffentliche Investitionen in Forschungs- und Entwicklungsbereiche im Bereich Informations- und Kommunikationstechnik
- Anteil Öffentlicher Investitionen in Forschungs- und Entwicklungsbereichen im Bereich Informations- und Kommunikationstechnik im Verhältnis zu den gesamten Forschungs- und Entwicklungsinvestitionen

Folgende Cluster haben Androniceanu et al. identifiziert:

- Cluster 1: Österreich, Dänemark, Niederlande, Schweden, Finnland
- Cluster 2: Bulgarien, Kroatien, Italien, Rumänien
- Cluster 3: Belgien, Zypern, Irland
- Cluster 4: Tschechien, Ungarn, Litauen, Spanien
- Cluster 5: Deutschland, Frankreich, Malta, Großbritannien
- Cluster 6: Estland, Litauen, Luxemburg, Polen, Portugal, Slowakei, Slowenien

Im Bereich E-Government-Services erreichen die Cluster folgendes Ranking:

1. Cluster 1
2. Cluster 5
3. Cluster 4
4. Cluster 6
5. Cluster 3
6. Cluster 2

Es kann festgestellt werden, dass in den jeweils erstplatzierten Clustern der drei Studien die Länder Dänemark, Finnland und die Niederlande liegen. Dies deckt sich mit der weiter oben vorgenommenen Analyse.

Shkarlet et al. zeigten, dass es einen Zusammenhang zwischen einem guten Abschneiden im Bereich E-Government und einem hohen Maß an politischen, sozialen und wirtschaftlichen Beziehungen und einem hohen Einkommen gibt (Serhiy Shkarlet et al. 2020).

Androniceanu und Georgescu analysierten Daten von 2010 bis 2019 und zeigten, dass Länder mit einem hohen Wert im Bereich E-Government effizient sind in Regierungsgeschäften, wenig Korruption herrscht, Bürgerbeteiligung hoch ist und der ökonomische Fortschritt größer ist (Androniceanu und Georgescu 2021).

In einer Studie der Europäischen Kommission von 2019 wurde untersucht, welche aktuellen Schlüsseltechnologien von den europäischen Ländern genutzt werden. Es werden folgende Schlüsseltechnologien untersucht:

- Künstliche Intelligenz
- Distributed Ledger
- Datennutzung und Weiterverwendung
- Open Government
- Digitale Sicherheit
- Innovation in der Leistungserbringung

Deutschland wird bis auf in den Technologien Distributed Ledger und Innovation in der Leistungserbringung auch der höchsten Stufe der weitestgehenden Umsetzung eingruppiert. Deutschland wird in fünf von sieben Technologien auf der höchsten Stufe der weitestgehenden Umsetzung eingruppiert. Dies gilt für kein anderes Land und ist äußerst positiv zu bewerten (Misuraca et al. 2019).

Im Unterschied zum ansonsten eher schlechten Abschneiden von Deutschland im Bereich der Digitalisierung, dass Deutschland im Bereich neuer Technologien und Innovationen eine Vorreiterrolle einnimmt. Was fehlt ist die Umsetzung in großer Breite.

9.1 Internationales Recht

In einer Studie der Europäischen Kommission wurde untersucht, zu welchen Bereichen Gesetzgebungsaktivitäten im Bereich E-Government gehören. Die unterschiedlichen Bereiche ergeben sich aus den Schlüsselprinzipien der Berliner Erklärung. Es wurden die Jahre 2020 und 2021 analysiert. Hierbei wurden 134 Gesetzgebungsverfahren identifiziert und zugeordnet. Siehe für die Ergebnisse Abb. 9.3 (Europäische Kommission 2022).

Im Bereich digitaler Transformation gab es 43 neue Gesetzgebungen von 23 europäischen Ländern. Diese betreffen hauptsächlich die Bereiche zur Einführung neuer elektronischer Verwaltungsprozesse und der digitalen Beschaffung.

- 31 europäische Länder haben Gesetzesvorhaben im Bereich Vertrauen und Sicherheit umgesetzt. Davon 15 Länder im Bereich eID und Cybersecurity.
- 13 europäische Länder haben 24 Gesetzgebungen im Bereich digitaler öffentlicher Services vorgenommen.

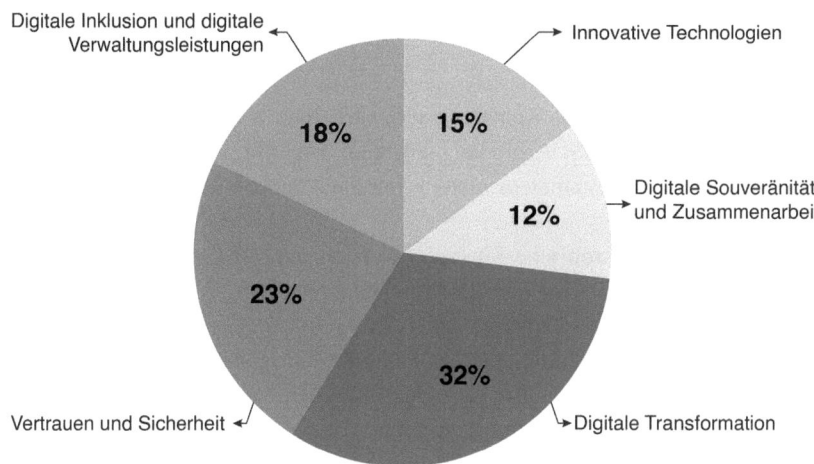

Abb. 9.3 Gesetzgebungsverfahren im Bereich Digitalisierung (eigene Darstellung)

- 14 Länder haben 20 Gesetzgebungen im Bereich neuer Technologien vorgenommen. Dies betrifft die Bereiche Künstliche Intelligenz, Distributed-Ledger-Systeme (einschließlich Blockchain) und das Internet der Dinge.

Im Bereich Open Data haben 13 Länder 16 Gesetzgebungen vorgenommen (Europäische Kommission 2022).

Ein wichtiger Punkt für die Digitalisierung ist das Identitätsmanagement. Damit Bürgerinnen und Bürger aktiv Dinge über das Internet nutzen können, müssen sie sich digital ausweisen können. Die eIDAS[4]-Verordnung regelt auf europäischer Ebene die elektronische Identifikation und den Einsatz von Vertrauensdiensten. Dabei wird zwischen drei Arten von elektronischen Signaturen unterschieden[5]:

- „Elektronische Signatur": Eine elektronische Signatur wird anderen Daten beigefügt und mit den Daten verbunden, sodass die Autorin oder der Autor damit unterzeichnet.
- „Fortgeschrittene elektronische Signatur": Eine fortgeschrittene elektronische Signatur ist eine Signatur, die eindeutig dem Unterzeichnenden zugeordnet werden kann. Sie ermöglicht ebenfalls, dass die oder der Unterzeichnende identifiziert werden kann. Sie wird mittels elektronischer Signaturerstellungsdaten erstellt, die nur die oder der Unterzeichnende verwenden kann. Die Signatur ist so mit den Daten verbunden, dass die Daten nachträglich nicht mehr verändert werden können.

---

[4] **E**lectronic **ID**entification, **A**uthentication and trust **S**ervices.

[5] Vgl. Art. 3 Nr. 10–12 eIDAS-Verordnung.

- „Qualifizierte elektronische Signatur": Eine qualifizierte elektronische Signatur ist eine fortgeschrittene elektronische Signatur, die von einer qualifizierten elektronischen Signaturerstellungseinheit erstellt wurde und auf einem qualifizierten Zertifikat für elektronische Signaturen beruht.

Eine qualifizierte elektronische Signaturerstellungseinheit muss gewissen Anforderungen nach Anhang II der eIDAS-Verordnung erfüllen. Die Signaturerstellungsdaten dürfen nur von Vertrauensdiensteanbietern erstellt werden, die von einer Aufsichtsstelle dazu ermächtigt wurden.

Eine qualifizierte elektronische Signatur hat nach Art. 25 (2) eIDAS-Verordnung die gleiche Rechtswirkung wie eine handschriftliche Unterschrift.

Im weiteren Verlauf werden die Länder Deutschland, Österreich und die Schweiz genauer betrachtet und die Umsetzung des Identitätsmanagements verglichen.

In Deutschland können mithilfe des elektronischen Personalausweises qualifizierte elektronische Signaturen vorgenommen werden.

In Verwaltungsverfahren können elektronische Dokumente schriftformersetzend folgendermaßen übermittelt werden:

- Durch den Identitätsnachweis durch den elektronischen Personalausweis.
- Durch die Versendung mittels De-Mail.
- Durch weitere sichere Verfahren, die durch eine Rechtsverordnung festgelegt sind.[6]

In Österreich konnte lange Zeit die Identität über die Bürgerkarte nachgewiesen werden.[7] Die Bürgerinnen und Bürger werden über ihre Stammzahl identifiziert. Diese wurde aus der zentralen Melderegisterzahl durch Verschlüsselung gebildet. Die Bürgerkarte genügte aber nicht der eIDAS-Verordnung, da irgendeine und nicht eine qualifizierte elektronische nach eIDAS-Verordnung Signatur ausreiche (Stember 2021).

Seit Mitte 2022 wird die ID Austria angeboten. Diese erfüllt die Vorgaben der eIDAS-Verordnung.[8]

In der Schweiz gibt es aktuell noch keine funktionierende eID, die den Anforderungen einer eIDAS-Verordnung gerecht würde (Die Schweiz hat sich verpflichtet, als enger EU-Partner in einigen Bereichen EU-Regelungen umzusetzen. (Stember 2021)).

Im Gegensatz zu Deutschland und Österreich gibt es in der Schweiz kein E-Government-Gesetz. Im Jahr 2015 hat die Schweiz erstmalig eine E-Government-Strategie eingeführt (Stember 2021), die wesentliche Ziele des E-Government enthielt. Diese wurde abgelöst durch die E-Government Strategie Schweiz 2020–2023 (Geschäftsstelle E-Government Schweiz). Hier wird das Leitbild „Digital first" geprägt. Es sollen digitale Angebote für Bürgerinnen und Bürger gegenüber analogen Angeboten vorgezogen

---

[6] Vgl. § 3a VwVfG.
[7] Vgl. § 4 E-GovG-ÖD.
[8] Vgl. https://www.oesterreich.gv.at/id-austria.html.

werden (Geschäftsstelle E-Government Schweiz). Es soll nach den folgenden Prinzipien gehandelt werden (Geschäftsstelle E-Government Schweiz):

- Zielgruppengerechte Dienste und Informationen
- Automatisierte und durchgängige Prozesse
- Gemeinsame Datenverwaltung
- Offenheit und Transparenz
- Austausch und Zusammenarbeit
- Standardisierung und Interoperabilität
- Innovationsförderung und Technologiemonitoring

In Österreich wurde 2004 das E-Government-Gesetz erlassen. Hiermit sollten nach § 1 E-GovG-Ö:

- Die rechtserhebliche Kommunikation mit öffentlichen Stellen gefördert werden.
- Technische Mittel zum Schutz vor Gefahren bei automationsunterstützender Datenverarbeitung.
- Die barrierefreie Gestaltung behördlicher Internetauftritte gefördert werden.

Nach dem Allgemeinen Verwaltungsverfahrensgesetz in Österreich (AVG-Ö) können (Stember 2021):

- Anträge in technischer Form bei der Verwaltung eingereicht werden.
- Niederschriften und Aktenvermerke auch elektronisch erfolgen.
- Bedürfen Ausfertigungen in elektronischer Form einer besonderen Signatur.
- Können Veröffentlichungen elektronisch erfolgen.

Zusammenfassend kann festgestellt werden, dass Deutschland verglichen mit Österreich und der Schweiz sehr früh die eIDAS-Verordnung erfüllt hat und eine rechtssichere digitale Signatur eingeführt hat.

9.2 Open Data

Ein weiterer wichtiger Baustein im Bereich E-Government sind Daten. Daten sind die Basis, mit der E-Government betrieben wird. Unter Open Data versteht man die Daten, die öffentlich verfügbar für die Bürgerinnen und Bürger von der Verwaltung und Regierung zur Verfügung gestellt werden.

Das Informationsfreiheitsgesetz (IFG) regelt dies für Deutschland nach § 1 (1) gilt:

„Jeder hat [...] gegenüber den Behörden des Bundes einen Anspruch auf Zugang zu amtlichen Informationen."

Hintergrund ist, dass Daten von der Regierung und Verwaltung nicht zum Selbstzweck, sondern für die Bürgerinnen und Bürger erhoben werden und daher, wenn möglich, diesen auch zur Verfügung gestellt werden sollten.

Die Europäische Kommission gibt an, dass durch Nutzung von Open Data in der Verkehrssteuerungr 629 Mio. h unnötiger Wartezeit auf der Straße innerhalb der Europäischen Union eingespart werden kann (Europäische Kommission 2015).

Im Jahr 2013 hat Deutschland zusammen mit den anderen G8-Staaten die Open-Data-Charta unterzeichnet. Hier sind fünf Prinzipien genannt, nach denen gehandelt werden soll (open data charter 2015):

1. Standardmäßig offene Daten: Verwaltungs- und Regierungsdaten sollen standardmäßig zur Verfügung gestellt werden.
2. Qualität und Quantität: Die bereitgestellten Daten sollen von möglichst guter Qualität sein und es sollen möglichst viele Daten zur Verfügung gestellt werden.
3. Nutzbar von allen: Die Daten sollen in offenen und möglichst vielen Formaten zur Verfügung gestellt werden, damit sie möglichst einfach weiterverwendet werden können.
4. Veröffentlichung von Daten für Regierungshandeln: Die Daten und Expertise über die Freigabe von Daten sollen innerhalb der G8 innerhalb der Regierungen ausgetauscht werden.
5. Veröffentlichung von Daten zur Innovationsförderung: Die Daten werden zur Förderung der Innovation in der Wirtschaft zur Verfügung gestellt.

In einer Studie von 2015 belegte Deutschland von den G8-Ländern den vorletzten Platz. Großbritannien belegt den ersten Platz. Siehe Abb. 9.4. (Center for Data Innovation 2015).

Im Folgenden werden die beiden europäischen Länder Großbritannien und Frankreich mit den besten Bewertungen in der Studie betrachtet.

9.2.1 Großbritannien

In Großbritannien ist seit 2005 rechtlich geregelt, dass Informationen des öffentlichen Sektors freigegeben werden müssen. Seit 2010 gibt es ein Open-Data-Portal. Sowohl der rechtliche als auch der inhaltliche Rahmen wurden seitdem weiterentwickelt. Im Jahr 2012 wurde ein sogenanntes Open-Data-Weißbuch eingeführt, das Open-Data-Grundsätze enthält. Im Jahr 2015 wurde die Veröffentlichung von Daten des öffentlichen Sektors auf den Kulturbereich ausgeweitet und festgelegt, dass die Daten kostenfrei erhältlich sein müssen und es wurde ein Beschwerdeverfahren eingeführt. Geachtet wurde darauf, dass

Rang	Land
1	Großbritannien
2	Kanada
3	USA
4	Frankreich
5	Italien
6	Japan
7	**Deutschland**
8	Russland

Abb. 9.4 Open Data in den G8-Staaten (eigene Darstellung)

keinerlei personenbezogene Daten oder Daten, die die Sicherheit gefährden, weitergegeben werden. Die Daten müssen maschinenlesbar und weiterverwendbar sein und offenen Standards entsprechen. Die Freigabe der Daten erfolgt nach Open Government Licence (OGL) (Wangermann 2016).

Im Jahr 2010 wurde in Großbritannien das Open-Data-Portal data.gov.uk eingerichtet. Es stellt eines der größten Datenportale der Welt dar (Wangermann 2016).

Im Jahr 2013 wurde in Großbritannien eine Performance-Plattform eingerichtet. Diese stellt Dashboards mit Informationen zur Verfügung (Wangermann 2016).

9.2.2 Frankreich

In Frankreich hat die Freigabe öffentlicher Daten eine hohe Priorität. Historisch ist das schon in der Erklärung der Menschen- und Bürgerrechte von 1789 begründet. Hier wurde festgelegt, dass von jedem Beschäftigten im öffentlichen Dienst Rechenschaft über seine Arbeit gefordert werden kann. Im Jahr 1978 wurde gesetzlich festgelegt, dass jede Person das Recht hat, Auskunft über die Dokumente einer Verwaltung im Rahmen ihres öffentlich-rechtlichen Auftrages zu erhalten. In den Jahren 2000 bis 2010 wurde das Gesetz mehrfach aktualisiert.

Im Jahr 2013 wurde der Rechtsrahmen innerhalb der Europäischen Union geändert. Die Umsetzung der Richtlinie wurde 2015 in Frankreich vorgenommen (Wangermann 2016).

Wie auch in Großbritannien, ist ein wesentliches Element in der Bereitstellung der Daten die Einrichtung eines zentralen Portals. Im Jahr 2011 wurden folgende Leitprinzipien für das Portal data.gouv.fr festgelegt (Wangermann 2016):

- Möglichst umfassende Daten: Durch die Ministerien sollen möglichst viele Daten veröffentlicht werden. Es werden Mindestanforderungen festgelegt.
- Herkunft aus Originalquellen: Alle öffentlichen Informationen sollen zur Verfügung gestellt werden.
- Möglichst schnelle Veröffentlichung und möglichst häufige Aktualisierung: Die Daten sollen möglichst schnell veröffentlicht werden und möglichst häufig aktualisiert werden.
- So zugänglich wie möglich: Die Daten sollen möglichst einfach und umfassend weiterverwendet werden können.
- Maschinenlesbarkeit: Die Daten müssen maschinenlesbar sein und durch Maschinen weiterverwendet werden können.
- Diskriminierungsfreier Zugang: Zur Nutzung und dem Herunterladen von Daten müssen keine Identitäten oder Berechtigungen angegeben werden.
- Nicht-proprietäres Format: Die Daten sollen in weiterzuverarbeitenden Formaten zur Verfügung gestellt werden.
- Frei von Rechten: Die Daten sollen weiterverwendet werden dürfen. Es wurde eine kostenfreie Lizenz entwickelt.

Die Open-Data-Politik wird in Frankreich vom Lenkungsausschuss „Etalab" gesteuert und koordiniert. Etalab untersteht direkt dem Premierminister. Etalab übernimmt zudem eine Mittlerfunktion zwischen der Verwaltung und der Open-Data-Community (Wangermann 2016).

9.2.3 Erfolgsfaktoren für Open Data

Beide Beispiele zeigen, dass für das erfolgreiche Bereitstellen von Open Data durch Verwaltung und Regierung zum einen der rechtliche Rahmen wichtig ist. Zentrale Regelungen und Vorgaben müssen hierüber vorgenommen werden. Des Weiteren ist entscheidend, dass die technischen Voraussetzungen geschaffen und zentral weiterverfolgt werden.

9.3 Praxisbeispiel Estland

Estland ist seit 1991 ein unabhängiges Land und hat seitdem vor allem im Bereich Digitalisierung sehr gute Ergebnisse erzielt. Im internationalen Vergleich steht Estland, wie am Anfang dieses Kapitels und in Kap. 7 dargestellt, sehr gut da.

Folgende Services werden von e-Estonia zur Verfügung gestellt[9]:

- e-Identity

---

[9] Vgl. https://e-estonia.com/solutions/.

9.3 Praxisbeispiel Estland 149

- Cyber Security
- Interoperability services
- Healthcare
- e-Governance
- Smart city and mobility
- Ease of doing business
- Education and research

Im Folgenden werden die einzelnen Services genauer vorgestellt.

9.3.1 e-Identity

Seit 20 Jahren haben alle Esten eine elektronische Identität, die eID. Die eID kann sowohl im privaten als auch öffentlichen Bereich genutzt werden. Mit der eID können Rechnungen bezahlt werden, online gewählt werden, Verträge unterzeichnet werden, auf Gesundheitsdaten zugegriffen werden und vieles mehr.[10]

Zusätzlich zur eID können die Esten noch die Mobile ID nutzen. Die Mobile ID ist auf dem Smartphone verfügbar und kann darüber genutzt werden.[11]

Mithilfe der e-Residency kann sogenannte E-residents Zugang zu Estlands Services erlangen. Damit können standortunabhängige Firmen gegründet werden.[12]

9.3.2 Cyber Security

Estland gibt an, im Bereich Cyber Security führend zu sein. Nach diversen Cyber-Angriffen im Jahr 2007 wurde auf Basis der Blockchain-Technologie ein System zum Speichern von Daten entwickelt.[13]

Eine Blockchain ist eine sogenannte Distributed-Ledger-Technologie, Das bedeutet, dass Daten nicht zentral abgespeichert werden, sondern verteilt über die teilnehmenden Akteure. Jede Akteurin oder jeder Akteur besitzt dabei eine Kopie der Daten. Die jeweilige Ausgestaltung der Distributed-Ledger-Technologie legt dann unter anderem fest, wie Änderungen an den Daten vorgenommen werden. Hier ist die Herausforderung, dass die Änderungen in allen Kopien durchgeführt werden müssen.

Die Blockchain-Technologie und damit auch die von Estland genutzte KSI-Blockchain hat den Vorteil, dass Daten nur geändert werden können, wenn es dazu von den Teilnehmenden einen Konsens gibt. Eine Änderung von Daten auf der Blockchain ist damit für

---

[10] Vgl. https://e-estonia.com/solutions/e-identity/id-card/.
[11] Vgl. https://e-estonia.com/solutions/e-identity/mobile-id/
[12] Vgl. https://e-estonia.com/solutions/e-identity/e-residency/
[13] Vgl. https://e-estonia.com/solutions/cyber-security/ksi-blockchain/

alle transparent. Ein weiterer Vorteil ist, dass alle Änderungen auf der Blockchain dauerhaft gespeichert werden und nachträglich Änderungen nicht mehr abgeändert werden können.

Damit erfüllt die Blockchain-Technologie, dass die Integrität der Daten stets vorhanden ist. Da die Blockchain bei jedem Teilnehmenden vorhanden ist, ist auch die Verfügbarkeit gewährleistet. Die Vertraulichkeit wird hergestellt, indem nur berechtigte Personen oder Organisationen Zugriff bekommen.

9.3.3 Interoperability services

Um die heutigen Bedürfnisse der Bürgerinnen und Bürger zu erfüllen und eine serviceorientierte Verwaltung anzubieten, müssen Informationssysteme zur Verfügung stehen, die miteinander operieren. Daten sollen nur einmal zur Verfügung gestellt und dann von den unterschiedlichen Stellen verwendet werden können. Estland nutzt dafür die Open-Source-Lösung X-Road®. Die estnische Umgebung X-Tee auf Basis der X-Road verbindet die unterschiedlichen Informationssysteme miteinander und stellt Daten zur Verfügung. X-Road wird mittlerweile von mehr als 20 Ländern verwendet.[14]

Das Nordic Institute for Interoperability Solutions (NIIS) entwickelt die X-Road weiter.[15] X-Road ist skalierbar und lässt sich auf verschiedene Bedürfnisse anpassen. Daten, die aus dem System rausgehen, sind signiert und verschlüsselt. Reingehende Daten sind authentifiziert und werden protokolliert. Die Softwarecode ist unter MIT-Open-Source-Lizenz gestellt.[16]

Folgende Services sind innerhalb der X-Road implementiert[17]:

- Adressmanagement
- Nachrichten-Routing
- Zugriffsmanagement
- Authentifizierung der Organisationen
- Authentifizierung der automatisierten Zugriffe
- Transport-Level-Verschlüsselung
- Zeitstempel
- Digitale Signaturen von Nachrichten
- Logging
- Fehlerbehandlung

---

[14] Vgl. https://e-estonia.com/solutions/interoperability-services/x-road/.
[15] Vgl. https://e-estonia.com/solutions/interoperability-services/niis/.
[16] Vgl. https://x-road.global/.
[17] Vgl. https://x-road.global/x-road-technology-overview.

9.3 Praxisbeispiel Estland

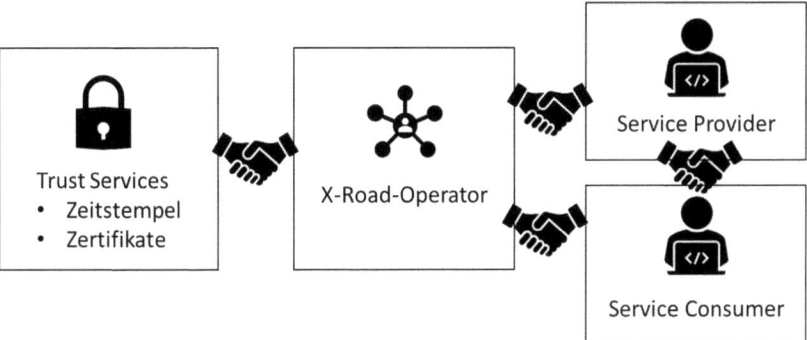

Abb. 9.5 X-Road (eigene Darstellung)

Der Betreiber (X-Road-Operator) der jeweiligen X-Road kann kontrollieren, von welchen Organisationen die X-Road genutzt wird und wer automatisiert zugreifen kann. Der Zugriff auf die X-erfolgt dann mittels Zertifikaten, die vom Betreiber ausgestellt werden. Es gibt einmal Anbietende von Services (Service Provider) und Nutzende (Service Consumer).

Über Zeitstempel und Logging wird sichergestellt, dass die Daten konsistent sind und nicht korrumpiert worden sind.

Jeder Teilnehmende kann entscheiden, welche Daten welchen anderen Teilnehmenden zur Verfügung stehen.

Siehe Abb. 9.5 für eine Verdeutlichung der X-Road.

Zusätzlich gibt es noch die Unified eXchange Platform (UXP), die peer-to-peer-Datenaustausch über verschlüsselte und authentifizierte Kanäle ermöglicht.[18] Ein peer-to-peer-Datenaustausch ist ein Datenaustausch zwischen genau zwei Parteien und auch nur diesen Parteien. Es sind keine Dritten involviert und dürfen dies auch nicht sein. Der Austausch soll verschlüsselt erfolgen, damit Daten nicht von Dritten gelesen werden können und über die Authentifizierung wird gewährleistet, dass die Identität der Teilnehmenden gesichert ist.

9.3.4 Healthcare

Im Bereich des Gesundheitswesens bekommen die Bürgerinnen und Bürger eine elektronische Gesundheitsakte. Die Identifikation erfolgt über die eID. Autorisierte Personen

---

[18] Vgl. https://e-estonia.com/solutions/interoperability-services/uxp/.

können Einsicht erlangen. Ärztinnen und Ärzte können darüber alle wichtigen Informationen zu Patientinnen und Patienten einsehen. Technologisch basiert die elektronische Gesundheitsakte auf der Blockchain-Technologie.[19]

Das ebenfalls existierende System e-Ambulance ermöglicht die schnelle Ortung und Reaktion auf einen Notruf. Über die ID der Patientin oder des Patienten können die behandelnden Ärzte zeitkritische Informationen einsehen.[20]

Über den Service e-Prescription können elektronische Rezepte ausgestellt werden. Die Patientinnen und Patienten müssen in der Apotheke dann nur noch ihre ID vorzeigen und bekommen automatisch die benötigten Medikamente. Ein weiterer Vorteil ist, dass Medikamente auch ohne Besuch bei einer Ärztin oder einem Arzt ausgestellt werden können. Es reicht unter Umständen ein Telefon- oder Videoanruf oder eine E-Mail.[21]

9.3.5 e-Governance

In Estland sind 99 % der öffentlichen Services online verfügbar. Allein Scheidungen können nicht digital durchgeführt werden.

Über die Government Cloud können Informationssysteme zentral angeboten werden. Aktuell wird die Cloud aufgebaut. Physisch wird sie an zwei Standorten aufgebaut, sodass sie ausfallsicher ist.[22]

Das Konzept Data Embassy sieht vor, dass Server außerhalb von Estland angemietet werden, auf denen die Cloud und kritische Services ausgelagert werden können. Aktuell sind die Server in Luxemburg angemietet.[23]

Unter E-Democracy werden verschiedene Services zu elektronischen Wahlen, öffentlichen Sitzungen, Online-Entscheidungsfindung und öffentliche Initiativen angeboten.[24]

Die gesamte Justiz funktioniert in Estland elektronisch. Mittel des Systems e-File werden Daten zwischen Gerichten, Polizei, Gefängnissen und weiteren Akteuren ausgetauscht.[25]

Es gibt einen Katalog (RIHA), in dem Systeme, Komponenten, Services, Datenmodelle und mehr verzeichnet sind. Daten dürfen nur einmal vorhanden sein. Durch den Katalog können Redundanzen vermieden werden.[26]

---

[19] Vgl. https://e-estonia.com/solutions/healthcare/e-health-records/.
[20] Vgl. https://e-estonia.com/solutions/healthcare/e-ambulance/.
[21] Vgl. https://e-estonia.com/solutions/healthcare/e-prescription/.
[22] Vgl. https://e-estonia.com/solutions/e-governance/government-cloud/.
[23] Vgl. https://e-estonia.com/solutions/e-governance/data-embassy/.
[24] Vgl. https://e-estonia.com/solutions/e-governance/e-democracy/.
[25] Vgl. https://e-estonia.com/solutions/e-governance/justice-public-safety/.
[26] Vgl. https://e-estonia.com/solutions/e-governance/e-services-registries/.

9.3.6 Smart city and mobility

Smarte Mobilität ist ein wichtiger Baustein im täglichen Leben. Dazu gehört auch die papierlose Abwicklung von Fracht grenzübergreifend. Aber auch die Auslieferung von Gegenständen des täglichen Bedarfs kann über Roboter erfolgen.[27]

Die Transportinfrastruktur ist ebenfalls smart. Die Bürgersteige, Bushaltestellen und Straßen sind untereinander vernetzt. Dadurch wird der Verkehr flüssiger und sicherer. Über ein Wetterinformationssystem, das die Informationen über verschiedenste Sensoren in den Straßen und über offene Daten erhält, können Informationen zur Beschaffenheit der Straßen im Winter erlangt werden. Um flüssigeren Verkehr zu gewährleisten werden Systeme der künstlichen Intelligenz eingesetzt. Für den Einsatz von autonomen Fahrzeugen wird ein digitaler Zwilling eingesetzt.[28]

Ziel in Estland ist es, dass Bürgerinnen und Bürger sich ohne ein eigenes Auto fortbewegen können. Dazu gehören öffentlicher Nah- und Fernverkehr, Mikromobilität und weitere Angebote, aus denen gewählt werden kann. Selbstfahrende Systeme werden in Estland seit 2016 getestet. Vorrangig werden hier selbstfahrende Busse eingesetzt. In ländlicheren Gebieten wird Transport auf Anfrage angeboten.[29]

9.3.7 Ease of doing business

Estland ist eine offene und ambitionierte Volkswirtschaft. Dies wird gefördert durch zahlreiche digitale Lösungen sowohl für Unternehmen als auch die Bürgerinnen und Bürger.

Über Online Services soll in Estland Bürokratie abgebaut werden. Über das e-Tax-System können Steuererklärungen für die unterschiedlichen Steuern sowohl von Unternehmen als auch Bürgerinnen und Bürgern elektronisch abgegeben werden.[30]

Das gesamte Bankgeschäft ist online verfügbar und abwickelbar. Zum Beispiel kann über die eID ein Bankaccount elektronisch eröffnet werden.[31]

Im e-Business-Register können neue Unternehmen digital angemeldet werden. Daten können ebenfalls digital geändert und abgefragt werden.[32]

---

[27] Vgl. https://e-estonia.com/solutions/smart-city-and-mobility/intelligent-transportation-%e2%80%a8systems/.
[28] Vgl. https://e-estonia.com/solutions/smart-city-and-mobility/mobile-parking/.
[29] Vgl. https://e-estonia.com/solutions/smart-city-and-mobility/border-queue-management/.
[30] Vgl. https://e-estonia.com/solutions/ease_of_doing_business/e-tax/.
[31] Vgl. https://e-estonia.com/solutions/ease_of_doing_business/e-banking/.
[32] Vgl. https://e-estonia.com/solutions/ease_of_doing_business/e-business-register/.

9.3.8 Education and research

In den 1990er Jahren wurde die technische Infrastruktur in den Schulen aufgebaut, Internetzugang und Computer sollten in allen Schulen verfügbar sein. Seit 2020 werden ausschließliche digitale Lernmaterialien verwendet. Es gibt ein Tool für das Distanzlernen.[33]

Über ein Schulmanagementsystem werden Bücher, e-learning-Material, digitale Klassenbücher und weitere Anwendungen angeboten.[34]

Im Unterricht spielt das Erlernen von Digitalkompetenzen eine wichtige Rolle. Seit 2014 gibt es eine Strategie für das lebenslange Lernen.[35]

9.3.9 E-Government-Strategien in Estland

Estland zeichnet sich dadurch aus, dass kontinuierlich Strategien im Bereich E-Government herausgegeben wurden, um den technologischen Fortschritt zu begleiten.

Im Jahr 1998 wurden die ersten Strategien veröffentlicht. Daraus wurde der Aktionsplan zur Schaffung der Informationsgesellschaft entwickelt. Der Aktionsplan dient als Grundlage für die Regierungsstellen, die konkrete Vorschläge mit Zeitplan, Finanzierungsquellen und Verantwortlichkeiten für die Durchführung von Informationspolitikprogrammen vorlegen müssen.

Als Weiterentwicklung wurde dann im Jahr 2004 die Strategie der estnischen Informationsgesellschaft vorgelegt. Hierin enthalten ist ein konkreter Entwicklungsplan. Diese Strategie wird bis heute weiterentwickelt und aktualisiert.

Im Jahr 2008 wurde zusätzlich eine Cybersicherheitsstrategie herausgegeben. Im Rahmen der Digitalisierung und damit der Verlagerung der Prozesse in den digitalen Raum, muss in diesem dann auch die Sicherheit gewährleistet werden. Deswegen ist die zusätzliche Herausgabe eine Cybersicherheitsstrategie von entscheidender Bedeutung, um auch das Vertrauen der Gesellschaft in die Systeme herzustellen. Wie auch die anderen Strategien wird auch die Cybersicherheitsstrategie regelmäßig aktualisiert (Dornetshumer 2019).

9.3.10 Rechtliche Rahmenbedingungen des E-Government in Estland

Auch die rechtlichen Rahmenbedingungen wurden an die Bedürfnisse einer modernen Informationsgesellschaft angepasst.

---

[33] Vgl. https://e-estonia.com/solutions/education_and_research/education_system/.
[34] Vgl. https://e-estonia.com/solutions/education_and_research/school_management_systems/.
[35] Vgl. https://e-estonia.com/solutions/education_and_research/research_iinformation_system/.

Im Jahr 1996 wurde der Personal Data Protection Act erlassen. Hierin ist geregelt, dass die Persönlichkeitsrecht bei der Verarbeitung personenbezogener Daten geschützt werden.

Der Population Register Act aus dem Jahr 2000 regelt die Einführung eines Bevölkerungsregisters und Verarbeitung der Daten in dem Register. Im selben Jahr wurde auch der Digital Signatures Act erlassen, der die Verwendung und Bereitstellung digitaler Signaturen und digitaler Siegel regelt.

Im Jahr 2004 wurde der Electronic Communications Act erlassen, der die notwendigen Voraussetzungen für die Entwicklung der elektronischen Kommunikation schafft.

Der Public Information Act aus dem Jahr 2001 wurde im Jahr 2015 erneuert und regelt, wie öffentliche Informationen zur Verfügung gestellt werden (Dornetshumer 2019).

9.3.11 Erfolgsfaktoren für das E-Government in Estland

Aus den vorherigen Abschnitten ist ersichtlich, dass Estland extrem fortschrittlich ist. Die Digitalisierung wird ganzheitlich angegangen. Durch die Einbindung der Themen Ausbildung und Forschung wird auch der Punkt Human Capitel mit bedacht. Bei den PISA-Tests belegt Estland regelmäßig den ersten Platz.[36] Estland war das erste Land, das bei einer nationalen Wahl auch die elektronische Stimmabgabe ermöglicht hat (Bertelsmann Stiftung 2017). Insgesamt sind 99 % aller Dienstleistungen online verfügbar. Estland war das erste Land, das die Blockchain im Echtbetrieb eingesetzt hat.[37] Es gibt mehr als 1300 Startups und 10 Einhörner[38] in Estland.

Ein großer Vorteil für die Einführung der digitalen Services war, dass Estland als relativ kleines Land mit ca. 1,3 Mio. Einwohnerinnen und Einwohnern ist, erst 1991 gegründet wurde und direkt von Anfang an digital gedacht wurde. Schon 1994 entstand das erste Strategiepapier „Der estnische Weg zur Informationsgesellschaft". In regelmäßigen Abständen folgten weitere Strategiepapiere, deren Ziele dann auch direkt umgesetzt wurden. (Bertelsmann Stiftung 2017) Parallel zu den Strategien wurde auch die Gesetzgebung mit einbezogen und neue Gesetze erlassen, die die Digitalisierung rechtlich ermöglichen.

Die X-Road wurde Mitte der 1990er Jahre eingeführt und ist bis heute die Basis für die Bereitstellung von Services und den einfachen Datenaustausch. Die Vernetzung auch mit der freien Wirtschaft über die X-Road und nicht nur die Freigabe für Bürgerinnen und Bürger zeigen den ganzheitlichen Ansatz auf dem Weg zu Digitalisierung. Im Jahr 2002 wurde die eID eingeführt, der heutzutage verpflichtend ist. Die Services werden alle über die zentrale Plattform eesti.ee angeboten. Sie kann sowohl von Bürgerinnen und Bürgern als auch von Unternehmen genutzt werden.[39]

---

[36] Vgl. https://e-estonia.com/wp-content/uploads/e-estonia-150822_de.pdf.
[37] Vgl. https://e-estonia.com/wp-content/uploads/e-estonia-150822_de.pdf.
[38] Unternehmen werden als Einhorn bezeichnet, wenn sie als Startup mehr als eine Milliarde Dollar Marktbewertung beseitzen.
[39] Vgl. https://www.eesti.ee/.

9.4 Praxisbeispiel Finnland und Dänemark

Ein weiteres Land mit einem hohen Grad an Digitalisierung ist Finnland. Ebenso wie Estland nutzen die Finnen die X-Road als zugrunde liegende Basis. Ebenso wie in Estland gibt es eine zentrale Plattform suomi.fi, auf der zentral alle Online Services angeboten werden.[40]

Das Internet wurde schon in den 1990er Jahren für die Verwaltung genutzt. Im Jahr 2014 wurde eine Strategie vorgestellt, deren Hauptziel es war, eine zentrale Servicearchitektur für digitale Dienste zu entwickeln. Für die Entwicklung wurden 100 Mio. EUR zur Verfügung gestellt.

Der Einstiegspunkt um die digitalen Dienste zu nutzen, ist weiterhin die Plattform suomi.fi. Die drunter liegende Architektur besteht aus vier Schichten (Yli-Huumo et al. 2018):

- Datenschicht: Die Datenschicht enthält sämtliche Datenregister.
- Serviceschicht: Die Serviceschicht enthält die angebotenen Services der Plattform.
- Verbindungsschicht: Die Verbindungsschicht enthält alle Schnittstellen zu den Bürgerinnen und Bürgern und den Nutzenden des öffentlichen und privaten Sektors. Hier sind sowohl die manuell zu nutzenden Schnittstellen als auch die automatisiert zu nutzenden Schnittstellen integriert.
- Nutzendenschicht: Die oberste Schicht für die Nutzenden stellt die Verbindung zur Plattform her. Hierüber greifen der private und öffentliche Sektor und die Bürgerinnen und Bürger auf die Plattform zu.

Ebenso wie in Estland werden auch in Finnland sämtliche Services digital zur Verfügung gestellt. Erreicht wurde dies durch die folgenden Paradigmen (Yli-Huumo et al. 2018):

- Offenheit und Transparenz: Sowohl der Source Code also auch die Schnittstellen sind Open Source gestellt, sodass diese einsehbar und wiederverwendbar sind.
- Teilen: Organisationen haben die Möglichkeit ihre Systeme zu integrieren und dadurch andere teilhaben zu lassen. Daten können über die Datenschicht ausgetauscht und zur Verfügung gestellt werden.
- Kommunikation und Kollaboration: Über die zentrale Plattform suomi.fi stehen alle Dienste zur Verfügung. Auch andere Organisationen können Services zur Verfügung stellen, sodass kollaborative Zusammenarbeit ermöglicht wird.
- Reorganisation des Regierungs- und Verwaltungshandeln: Durch die Umstrukturierung der Plattform und Aufteilung in Schichten, wird es den Nutzenden ermöglicht, einfach auf Services zuzugreifen.
- Grenzübergreifendes Regierungshandeln: Es gibt eine Plattformintegration mit Estland, sodass hier grenzübergreifende Services zur Verfügung gestellt werden.

---

[40] Vgl. https://www.suomi.fi/.

- Nutzung Innovationen aus dem privaten Sektor für den öffentlichen Sektor: Die Plattform ermöglicht die Integration von Services des privaten Sektors.

Zusammenfassend lässt sich feststellen, dass ähnlich wie Estland auch Finnland sehr fortschrittlich im Bereich des E-Government ist.

Auch in Dänemark ist die Digitalisierung weit fortgeschritten. 88 % der Bürgerinnen und Bürger und 95 % der Unternehmen hatten innerhalb der letzten 12 Monate Online-Kontakt zur öffentlichen Verwaltung.[41]

Folgende zentrale Services werden angeboten[42]:

- MitID (vormals NemID): MitID ist eine digitale ID für Bürgerinnen und Bürger zur Identifikation und Signierung. Sie dient sowohl für die Kommunikation mit öffentlichen Stellen als auch als Zugang zum Online-Banking.
- Digitaler Posteingang: Über den digitalen Posteingang wird der Briefverkehr zwischen dem öffentlichen Stellen und den Bürgerinnen und Bürgern und Unternehmen digital ermöglicht.
- Portale borger.dk und virk.dk: Über die zentralen Portale boger.dk und virk.dk stehen Online Services für Bürgerinnen und Bürger und Unternehmen zentral zur Verfügung.

Es sind mehr als 100 Services online verfügbar. Ca. 90 werden nur noch online zur Verfügung gestellt.

9.5 Anwendung auf Deutschland

Wie aus den Beispielen zu Estland, Finnland und Dänemark zu sehen ist, gibt es einige Schlüsselprinzipien, die in allen drei Ländern verfolgt wurden:

- Elektronische Identifizierungsmöglichkeiten für Bürgerinnen und Bürger und Unternehmen
- Elektronische Signierungsmöglichkeiten für Bürgerinnen und Bürger
- Zentrales Portal für Bürgerinnen und Bürger und Unternehmen, das über die elektronische ID genutzt werden kann
- Bereitstellung möglichst vieler Services über das zentrale Portal
- Kontinuierliche Begleitung des digitalen Wandels durch Veröffentlichung und Umsetzung von Strategien im Bereich E-Government
- Kontinuierliche Begleitung des digitalen Wandels durch entsprechende Gesetzgebungen

---

[41] Vgl. https://tyskland.um.dk/de/aussenwirtschaftsrat/digitalisierung.
[42] Vgl. https://tyskland.um.dk/de/aussenwirtschaftsrat/digitalisierung.

Die elektronische Identifikation und Signierung ist in Deutschland möglich für Bürgerinnen und Bürger über den elektronischen Personalausweis. Für Unternehmen wurde noch keine Lösung entwickelt.

Das zentrale Portal www.verwaltung.bund.de wurde Ende 2020 zur Verfügung gestellt. Es ist sowohl für Bürgerinnen und Bürger und Unternehmen vorgesehen. Es wird nach und nach weiter ausgebaut und stellt zwar einen zentralen Einstiegspunkt dar, verweist aber dahinterliegend auf nachgelagerte und von Bund und Ländern zur Verfügung gestellte weitere Portale.

Wie schon im Kap. 7 dargestellt, stehen bisher nur eingeschränkt Services online zur Verfügung. Deutschland erreicht in den Reifegradmodellen von Layne und Lee die erste Stufe, bei Andersen und Henriksen nur bedingt die erste Phase und bei Scholta et al. nicht einmal die erste Phase (siehe Abschn. 7.9).Estland und Finnland erreichen in dem Modell von Layne und Lee die vierte Stufe, da die Systeme vertikal und horizontal integriert sind und die Services an einer Stelle zur Verfügung stehen. In dem Modell von Andersen und Henriksen erreichen Estland und Finnland ebenfalls die letzte Phase. In dem Modell von Scholta et al. wird die Stufe 2 oder auch Stufe 3 erreicht.

Im Rahmen des digitalen Fortschritts wurden zuletzt folgende Strategien vom Bund für Deutschland veröffentlicht:

- Handlungskonzept Quantentechnologien der Bundesregierung (Bundesministerium für Bildung und Forschung 2023)
- IT-Strategie des Bundes (Der Beauftragte der Bundesregierung für Informationstechnik 2023)
- Deutsche Verwaltungscloud-Strategie (Föderale IT-Kooperation (FITKO) 2020)
- Strategie Künstliche Intelligenz der Bundesregierung (Bundesregierung 2020)
- Blockchain-Strategie der Bundesregierung (Bundesministerium für Wirtschaft und Energie, Bundeministerium der Finanzen 2019)

Hier ist ersichtlich, dass sich Deutschland vor allem mit neuen Technologien auseinandersetzt. Dies wurde auch in einer Studie der Europäischen Kommission von 2019 festgestellt, wie am Anfang des Kapitels schon dargestellt wurde (Misuraca et al. 2019). Es zeigt, dass Deutschland forschungsstark ist, aber in der Umsetzung hinterherhinkt. Wie schon im Kap. 9 angeführt, ist im Vergleich zu den oben genannten Ländern zwar der Föderalismus eine Herausforderung, der die schnelle und zentrale Umsetzung bremst, aber nicht die einzige Erklärung.

Literatur

Androniceanu, A.; Georgescu, I. (2021): E-Government in European Countries, a Comparative Approach Using the Principal Components Analysis. In: *NISPAcee Journal of Public Administration and Policy* (14), S. 65–86.

Androniceanu, A.; Kinnunen, J.; Georgescu, I. (2020): E-Government clusters in the EU based on the Gaussian Mixture Models. In: *Administratie si Management Public* (35), S. 6–20.

Bertelsmann Stiftung (2017): Smart Country – Connected. Intelligent. Digital. 1. Auflage. Gütersloh: Verlag Bertelsmann Stiftung.

Bundesministerium für Bildung und Forschung (Hg.) (2023): Handlungskonzept Quantentechnologien der Bundesregierung.

Bundesministerium für Wirtschaft und Energie, Bundeministerium der Finanzen (Hg.) (2019): Blockchain-Strategie der Bundesregierung. Wir stellen die Weichen für Token-Ökonomie. Online verfügbar unter https://www.bmwk.de/Redaktion/DE/Publikationen/Digitale-Welt/blockchain-strategie.pdf?__blob=publicationFile&v=1.

Bundesregierung (Hg.) (2020): Strategie Künstliche Intelligenz der Bundesregierung. Fortschreibung 2020.

Center for Data Innovation (Hg.) (2015): Open Data in the G8. A Review of Progress on the G8 Open Data Charter.

Der Beauftragte der Bundesregierung für Informationstechnik (Hg.) (2023): IT-Strategie des Bundes. Leitbild und Ziele. Bundesministerium des Innern und für Heimat. Online verfügbar unter https://www.cio.bund.de/SharedDocs/downloads/Webs/CIO/DE/digitaler-wandel/it-strategie/it-strategie-bund-leitbild-und-ziele.pdf?__blob=publicationFile&v=4.

Dornetshumer, C. (2019): Die elektronische Identitätskarte am Beispiel Unternehmensgründung und E-Banking. Vergleich Estland und Österreich. Hg. v. Johannes Kepler Universität Linz. Institut für betriebliche Finanzwirtschaft. Linz.

EU-Ratspräsidentschaft (Hg.) (2020): Berliner Erklärung zur Digitalen Gesellschaft und wertebasierten digitalen Verwaltung. Online verfügbar unter https://www.cio.bund.de/SharedDocs/downloads/Webs/CIO/DE/digitaler-wandel/europaeische-gremien/berliner-erklaerung-digitale-gesellschaft-und-verwaltung.pdf?__blob=publicationFile&v=1.

Europäische Kommission (Hg.) (2015): Creating Value through Open Data. European Data Portal. Online verfügbar unter https://data.europa.eu/sites/default/files/edp_creating_value_through_open_data_0.pdf.

Europäische Kommission (Hg.) (2022): State-of-play report on digital public administration and interoperability 2022. Online verfügbar unter file:///C:/Users/Anna.Schulze/Downloads/state-of-play%20report%20on%20digital%20public%20administration-NO0922302ENN%20(3).pdf.

Föderale IT-Kooperation (FITKO) (Hg.) (2020): Deutsche Verwaltungscloud-Strategie. Föderaler Ansatz. Online verfügbar unter https://www.cio.bund.de/SharedDocs/downloads/Webs/CIO/DE/digitale-loesungen/deutsche-verwaltungscloud-strategie.pdf;jsessionid=140F6B654CA6B513F48BE19697EC09C2.2_cid322?__blob=publicationFile&v=1.

Geschäftsstelle E-Government Schweiz (Hg.): E-Government-Strategie Schweiz 2020–2023. Online verfügbar unter https://www.digitale-verwaltung-schweiz.ch/application/files/3016/3636/7600/E-Government-Strategie-Schweiz-2020-2023_D_def.pdf.

Leogrande, A.; Magaletti, N.; Cosoli, G.; Massaro, A. (2022): e-Government in Europe. A Machine Learning Approach. S.l.: SSRN.

Lněnička, M.; Máchová, R. (2022): A theoretical framework to evaluate ICT disparities and digital divides. Challenges and implications for e-government development. In: *Národohospodářský obzor*. https://doi.org/10.2478/revecp-2022-0002.

Misuraca, G.; Barcevičius, E.; Cibaitė, G.; Codagnone, C.; Gineikytė, V.; Klimavičiūtė, L. et al. (Hg.) (2019): Exploring digital government transformation in the EU. Analysis of the state of the art and review of literature. Europäische Kommission. Luxembourg: Publications Office of the European Union (JRC science for policy report).

open data charter (Hg.) (2015): International Open Data Charter. Online verfügbar unter https://opendatacharter.net/wp-content/uploads/2015/10/opendatacharter-charter_F.pdf.

Serhiy Shkarlet, I.; Maksym Dubyna, M.; Zhovtok, V. (2020): Comparative analysis of best practices in e-Government implementation and use of this experience by developing countries. In: *Administratie si Management Public* (34), S. 118–136.

Stember, J. (Hg.) (2021): Aktuelle Entwicklungen zum E-Government. Neue Impulse und Orientierungen in der digitalen Transformation der öffentlichen Verwaltung. Springer Fachmedien Wiesbaden. 1. Auflage 2021. Wiesbaden: Springer Fachmedien Wiesbaden (Edition Innovative Verwaltung).

Wangermann, T. (Hg.) (2016): Open Data aus internationaler Perspektive. Länderberichte aus Brasilien, Frankreich, Großbritannien, Indien, Indonesien, Japan, Österreich, den Philippinen, Polen und den USA zum Stand von Open Data. Sankt Augustin, Berlin: Konrad-Adenauer-Stiftung e. V. (Eine Veröffentlichung der Konrad-Adenauer-Stiftung e. V.).

Yli-Huumo, Jesse; Päivärinta, Tero; Rinne, Juho; Smolander, Kari (2018): Suomi.fi – Towards Government 3.0 with a National Service Platform. Online verfügbar unter https://permalink.obvsg.at/AC15584075.

Ausblick   10

Vorhersagen über die Zukunft sind generell schwierig, im Bereich der IT sicher noch schwieriger. Dennoch wollen wir ausgehend von den aktuellen Entwicklungen einen Ausblick wagen, der sich in fünf Abschnitte unterteilt. Diese sollen Zeitphasen mit inhaltlichen Entwicklungen abbilden, deren Eintritt wir für sehr wahrscheinlich halten (Abb. 10.1).

10.1 Phase 1: Standardisierung und Grundlagen

In der Umsetzungszeit des originären Onlinezugangsgesetzes zwischen den Jahren 2017 und 2022 entwickelten sich wie oben dargestellt zunächst wesentlich mehr Grundlagen und Standards als eigentliche Leistungen. Zwar existierten technische Standards wie die XÖV-Standards schon vorher, Regelungen zu Schnittstellen zwischen Software, die Bereitstellungs- und Nutzungsmöglichkeiten für EfA-Leistungen, die Nutzung der BundID, die Regelungen zu Kommunalportalen auf Landesebene und dergleichen griffen teils praktischere Fragen der Standardisierung auf. Fit-Connect und das Modul-F sind weitere Beispiele für grundlegende Aspekte, die entwickelt und eingeführt wurden. Im zum Zeitpunkt des Verfassens laufenden Gesetzgebungsverfahren zum Onlinezugangsänderungsgesetz soll dem Bund eine Kompetenz zur verbindlichen Einführung von weiteren Standards zugeschrieben werden. Auch dies deutet auf den von uns hier abgeleiteten ersten Trend, im dem wir uns gerade befinden. In der Umsetzung von Online-Leistungen zeigt sich die Notwendigkeit zur Schaffung und Einführung von Standards in diversen Bereichen, die nicht allein technischen Hintergrund haben. Dieser Prozess wird noch eine Weile anhalten, bis die wesentlichen Standards und Grundlagen zum Funktionieren

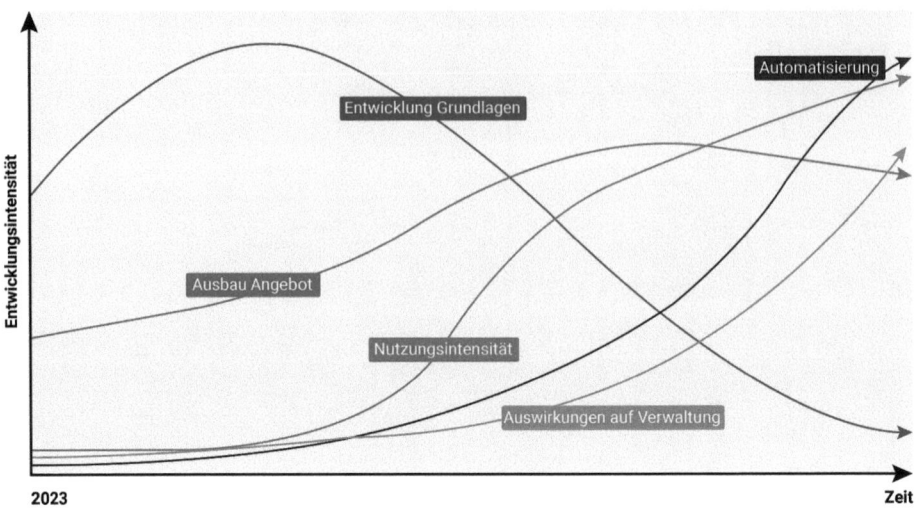

Abb. 10.1 Ausblick Entwicklungsstufen (eigene Darstellung)

eines Gesamtsystems über alle staatlichen Ebenen hinweg geschaffen sind. Die Formulierung von Standards und Grundlagen wird nie enden, aber mit immer mehr eingeführten Angeboten, wird es schwieriger Grundlagen zu ändern, weshalb die Praxis Standards und Grundlagen zementieren wird. Erforderliche Änderungen, Ergänzungen und Neurungen werden jedoch dauerhaft erfolgen müssen. Die derzeit feststellbare Welle der Festlegungen in diesen Bereichen wird jedoch abebben.

10.2 Phase 2: Ausbau Angebot

Mit Blick auf die Kommunen, welche die größte Gruppe der Anbieter von E-Government Leistungen ist und zudem die größte Anzahl an umzusetzenden Leistungen hat, zeigt sich im Verlauf des Umsetzungszeitraums des OZG eine Ausweitung des Angebots. Mit Einstellen von Leistungen beispielsweise in den Marktplatz der Govdigital sind die Leistungen für alle Kommunen verfügbar gemacht. Diese und andere E-Government-Leistungen werden künftig weiterhin direkt übernommen oder in die landesweiten Kommunalportal integriert werden und so für die Kommunen nutzbar sein. Dieser Trend wird im Abebben der umfangreichen Standardisierungsarbeiten zunehmen. Sobald für die Kommunen die Übernahme von E-Government-Leistungen selbst zum eingeübten Standardverfahren werden wird und Aspekte wie Anbindungen an Zahlungsmethoden, Basissoftware und dergleichen selbst zum eingeübten Standard geworden sind, werden neue Angebot zügig und in großer Anzahl übernommen werden können. Dies kann am Vergleich von einigen Zahlen verdeutlicht werden. Ursprünglich sollten 575 OZG-Leistungen umgesetzt werden, von denen 400 bis 460 auf die kommunale Ebene entfielen. Hinter diesen Bündelleistungen verbergen sich über 1000 Einzelleistungen, welche die Kommunen umsetzen sollten. Im EfA-Marktplatz sind zum Zeitpunkt des Verfassens unter 100 Leistungen verfügbar, in den größeren Kommunalportalen liegt die Zahl der umgesetzten Leistungen bei maximal 100 kommunalen Leistungen. Dies zeigt die große Lücke zwischen anzubietenden und angebotenen Leistungen. Diese Lücke schließt sich mit größerer Dynamik und wird kurz- bis mittelfristig zu einer Welle an Umsetzungen im kommunalen Leistungsbereich führen.

10.3 Phase 3: Ausweitung der Nutzung

Aktuelle Auswertungen zur Nutzung der Online-Funktion des Personalausweises, zur Nutzung von iKfz und anderer digitaler Leistungen zeigt die große Nutzungslücke. Gründe hierfür sind vielfältig, fußen aber im Kern auf die Problemfelder Kenntnis, Skepsis, Bequemlichkeit und digitale Kompetenz (Kantar GmbH 2023). Dass sich diese Probleme ändern können, zeigt die hohe Akzeptanz nach Nutzung von E-Government-Leistungen. Der sog. Klebeeffekt ist erkennbar. Zudem zeigen die weitverbreitete Nutzung und Akzeptanz von Elster, dass die digitale Kompetenz und Akzeptanz in Deutschland grundsätzlich vorhanden ist. Jedoch benötigt dieser Prozess Zeit und wird sich erst mit einem größeren Spektrum an verfügbaren Leistungen in hohen Nutzungszahlen niederschlagen.

10.4 Phase 4: Automatisierung

Das Registermodernisierungsgesetz ist, wie in diesem Buch dargestellt, der wesentliche Baustein, um eine stärke Automatisierung von Leistungen auch zwischen Behörden zu ermöglichen. Die Erreichung der Reifegradstufe 4 ist größtenteils nur durch diese Verknüpfung möglich (beispielsweise Projekt ELFE oder Ummeldung bei Wohnsitzänderungens). Die Umsetzung des Gesetzes in seinen zwei Ausbaustufen (Ergänzung Steuer-ID und Abgleich Registerdaten) wird in einem vergleichbaren Zeitraum wie das OZG umgesetzt werden. Erschwerend kommt hinzu, dass laut aktueller Einschätzung keine zusätzlichen Konjunkturpakete und ähnliches die Umsetzung ermöglichen werden. Somit scheint die Umsetzung in den Kommunen ausschließlich in deren Eigenverantwortung zu liegen. Weitere Umsetzungserleichterungen wie beispielsweise das EfA-Prinzip sind hierbei nicht möglich. Somit erwarten wir einen mittel- bis langfristigen Umsetzungszeitraum, bis alle geforderten Register aktualisiert worden sind. Und erst im Anschluss daran wird die Verknüpfung von Registern zur Verbesserung von Leistungen erfolgen. Dieser Effekt wird nach unserer Einschätzung erst einsetzen, wenn sich die Nutzungszahlen auf Basis der ausgerollten E-Government-Leistungen (also ohne die Auswirkungen des Registermodernisierungseffekt) erhöht haben werden. Die Nutzenden werden den Vorteil dieser Effekte somit direkt in ihrer laufenden Nutzung spüren können. Dies wird zu einer anderen Wahrnehmung als derzeit führen, da die Weiterentwicklungen und steigende Anzahl an angebotenen Leistungen dem Großteil der Bevölkerung nicht bekannt sind.

10.5 Phase 5: Auswirkungen auf Verwaltung

Sobald die Standardisierung, die Ausweitung der Angebote, gestiegene Nutzungszahlen und die Automatisierungen realisiert bzw. eingetreten sein werden, werden die Auswirkungen auf die Verwaltungen größer spürbar sein als heute. Die Einführung von PCs hat am Ende mit dazu beigetragen, dass der sog. einfache Dienst in der Kernverwaltung faktisch nicht mehr existent ist. Schreibstuben, Telefonzentralen, Druckereien, große Poststellen und dergleichen sind in der Regel nicht mehr vorhanden bzw. nur noch in kleinen Umfang. Gleiches wird zu erwarten sein, wenn durch E-Government und steigende digitale Vorgangsbearbeitung Archivierungen, manuelle Übertragungsarbeiten, Registerauskünfte oder standardisierte Sachbearbeitung aus dem Arbeitsalltag der Behörden weggefallen oder stark reduziert sein werden. Wahrscheinlich ist, dass dies zu einem weiteren Rückgang des Anteils der Beschäftigten im mittleren Dienst führen wird, wie dies im vorangegangen Kapitel dargestellt wurde. Zudem wird es, wie oben beschrieben, zu Auswirkungen auf Raumbedarfe, die Verteilung von Finanzmitteln oder Kompetenzanforderungen der Beschäftigten sowie zur Auflösung von räumlichen Zuständigkeitsgrenzen führen.

10.6 Schlussbetrachtung

Um an die Eingangsbetrachtungen anzuknüpfen: Es ist für die Autoren vorstellbar, dass es einen deutschlandweiten Dienstleister gibt, der für Kommunen die digitale Anmeldung und Verwaltung eines Hundes übernimmt und die Prozesse vollständig automatisiert sein werden. Zudem ist der vollständige Verzicht auf die kommunalen Zulassungsämter vorstellbar, wenn die Zulassungsprozesse automatisiert mit der Bundesbehörde vollzogen werden können. Hilfen vor Ort können private Zulassungsdienste übernehmen, welche das auch heute aber dann für die Behörde vor Ort übernehmen. Die Ressourceneinsparungen für die öffentliche Verwaltung insgesamt wären signifikant. Dies ist kein Schreckensszenario, sondern ein Baustein für den allseits geforderten Abbau von Bürokratie und ein Schlüssel zur Bewältigung der Herausforderungen des digitalen Wandels. Nur so lässt sich das Vertrauen der Bürgerinnen und Bürger in die Verwaltung wieder steigern.

Literatur

Kantar GmbH (2023): eGovernment MONITOR 2023. Hg. v. Initiative D21 und der Technischen Universität München.

Stichwortverzeichnis

A
AES-Verschlüsselung, 52

B
Basisdienst, 56, 63, 119, 121
Berliner Erklärung zur Digitalen Gesellschaft, 137
Blockchain, 120, 143, 149, 152, 155, 158
Bundescloud, 70, 119, 121
    Access Management, 70
    Entwicklungsplattform, 70
    Laufzeitumgebung, 70
    Projektmanagementplattform, 70
    Server, 70
Bundesportal, 65
BundID, 65, 73, 74, 132, 161

C
Clusteranalyse, 138

D
Dänemark, 141, 157
Data Embassy, 152
data.gov.uk, 147
Data Protection Act, 155
De-Mail, 25, 34, 73, 144
DES-Verschlüsselung, 52
Dienstekonsolidierung, 62
Digital Economy and Society Index (DESI), 79, 97, 106, 122, 140
Digitaler Kompass 2030, 138
Digital Government, 17
Digitalisierungsindex, 111
Digital Signatures Act, 155
Distributed-Ledger-Technologie, 149

E
E-Akte, 66, 70, 130
E-Anwendungen, 22
E-Democracy, 22, 152
EfA-Prinzip, 43, 100, 161, 163
E-Government
    4.0, 121
    Benchmark, 97, 108, 120, 138
    Development Index (EGDI), 103
    Monitor, 81, 97, 111
    Strategie Schweiz 2020–2023, 144
E-Health, 22
eIDAS-Verordnung, 30, 53, 143
E-Justice, 22
Electronic Communications Act, 155
E-Participation, 22
    Index, 97, 106, 120, 138
Estland, 116, 120, 148
EU-Ratspräsidentschaft, 137
E-Voting, 22

F
Finnland, 156
FITKO (Föderale IT-Kooperation), 33, 55, 63
Föderales Informationsmanagement (FIM), 55, 100

G
G8-Staaten, 146
Gaia-X, 70, 71
Government AI Readiness Index, 110
Großbritannien, 146
Grundwerte der Informationssicherheit, 50

H
Human Capital, 106, 121

I
ID Austria, 144
Identitätsmanagement, 143
Index für digitale Wirtschaft und Gesellschaft, 120, 138
Industrie 4.0, 23
Infrastructure as a Service (IaaS), 62
Integrität, 50
Internationales Recht, 142
Interopmatrix, 47
IT
    Konsolidierung, 62
    Planungsrat, 4, 21, 29, 33, 36, 44, 55, 62, 66, 82
ITZBund, 44

K
KoSIT (Koordinierungsstelle für IT-Standards), 44
Künstliche Intelligenz, 110, 119, 121, 143, 158

M
MitID, 157

N
NemID, 157
No-Stop Shop, 115

O
One-Stop-Portal, 19, 115
Online Service Index, 104, 120, 138
Onlinezugangsgesetz, 6, 18, 32, 41, 42, 66, 78, 97, 98, 161
Open CoDE, 72

Open Data, 21, 122, 145
    Charta, 146
Open Government, 21
OSCI, 48
Österreich, 97, 111, 144

P
Personalausweis, elektronischer, 25, 28, 144
Portalverbund, 18, 43, 66, 98
Public Information Act, 155
Public-Key-Verfahren, 51

Q
Quantentechnologie, 158

R
Registermodernisierung, 36, 83, 89, 164
Reifegradmodell, 7, 19, 101, 113, 122

S
Schweiz, 111, 144
Servicestandard, 33, 42
Signatur, 30, 50, 52
    elektronische, 27, 53, 143
Signaturerstellungseinheit, 144
Single-Sign-On-Portal, 19
Smart City Index, 81, 97, 112
Smart Government, 20
SOAP, 49
Sounding Board, 42
Sovereign Cloud Stack, 72

U
UML-Diagramm, 44

V
Verfügbarkeit, 50
Vergabestelle für Berechtigungszertifikate, 65
Verschlüsselungsverfahren
    asymmetrisches, 51
    symmetrisches, 51
Vertrauensdiensteanbieter, 144
Vertraulichkeit, 50
Verwaltung 4.0, 23

Verwaltungscloud, 36, 66, 69, 70, 72, 133, 158

X
XML-Format, 44, 49
XÖV
   Bibliothek, 48
   Fachmodell, 45
   Konformitätskriterien, 46
   Profil, 47
   Standard, 45
   Standardisierungsrahmen, 45
XRepository, 48
X-Road, 150, 156
X-Standard, 44
XTA, 48

Z
Zentralstelle für IT-Beschaffungen, 62

If you have any concerns about our products,
you can contact us on
ProductSafety@springernature.com

In case Publisher is established outside the EU,
the EU authorized representative is:
**Springer Nature Customer Service Center GmbH
Europaplatz 3, 69115 Heidelberg, Germany**

Printed by Libri Plureos GmbH
in Hamburg, Germany